FICHA CATALOGRÁFICA

(Preparada na Editora)

Caruso, Léa Berenice, 1939-

C31e Escravos do próprio Espírito / Léa Berenice Caruso.

Araras, SP, IDE, 1ª edição, 2013.

352 p.

ISBN 978-85-7341-593-3

1. Romance 2. Espiritismo I. Título.

CDD-869.935

-133.9

Índices para catálogo sistemático

1. Romance: Século 21: Literatura brasileira 869.935
2. Espiritismo 133.9

# Escravos *do próprio* Espírito

ISBN 978-85-7341-593-3
1ª edição - setembro/2013



Conselho Editorial:
*Hércio Marcos Cintra Arantes*
*Doralice Scanavini Volk*
*Wilson Frungilo Júnior*

Projeto Editorial:
*Jairo Lorenzetti*

Revisão de texto:
*Mariana Frungilo*

Capa:
*César França de Oliveira*

Diagramação:
*Maria Isabel Estéfano Rissi*

INSTITUTO DE DIFUSÃO ESPÍRITA - IDE
Av. Otto Barreto, 1067 - Cx. Postal 110
CEP 13600-970 - Araras/SP - Brasil
Fone (19) 3543-2400
CNPJ 44.220.101/0001-43
Inscrição Estadual 182.010.405.118

www.ideeditora.com.br
editorial@ideeditora.com.br

LÉA CARUSO

*Espírito Yvonne*

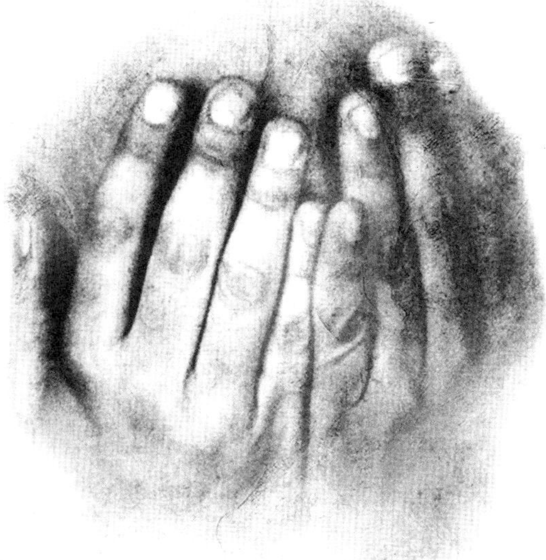

# Escravos *do próprio* Espírito

ide

# Sumário

## 2ª parte

# Nota da Médium

Antes de iniciarmos a psicografia desta obra, vimos, em desdobramento, suas páginas escritas passando diante de nossos olhos. Até aí não sabíamos de que obra se tratava, e outros livros já haviam surgido dessa forma. Dias mais tarde, começamos sua psicografia em nossa Casa Espírita, tendo visões das enormes fendas onde aquelas almas se detinham em absoluto desespero: os precipícios das trevas.

Mais tarde, no horário específico que mantemos para esse trabalho, a própria Yvonne veio visitar-nos, estando acompanhada por outra senhora idosa. Transmitia-nos uma alegria contagiante, enquanto sorria, trazendo muito brilho no olhar.

Outros capítulos importantes desta obra foram recebidos em nossa Casa Espírita, permitindo-nos acompanhar "in loco" esses fatos tão formidáveis da espiritualidade superior.

Esperamos que, em nossa pequenez, possamos ter realizado um trabalho digno de nossa querida Yvonne e agradecemos a Deus por isso.

Léa

# Prefácio

AMIGOS DE MINH´ALMA.

Durante a encarnação que tivemos aqui no Brasil, buscando reformular nossa já tão endividada alma, pudemos iniciar conscientemente a reforma de nosso Espírito, tendo como principal meta amar ao próximo e a toda a humanidade como nos pede o nosso Pai, através dos ensinamentos adquiridos com o Consolador prometido por Jesus.

Foi grande nossa alegria quando retornamos ao plano espiritual por tudo o que aprendemos quando encarnados. Aliás, sermos espíritas foi sempre uma ventura para nós, pois, somente assim, pudemos conhecer a felicidade ainda na Terra. Era grande a felicidade em servir e receber a proteção dos amigos espirituais, que sempre nos deram assistência, pois sentíamos que estavam conosco, ensinando e indicando-nos o caminho, além de nos orientarem e protegerem a todo instante.

Agora, continuamos a auxiliar àqueles Espíritos despreparados, que se lançaram desesperadamente ao breu de suas próprias desventuras, após acharem que tudo se apagaria com o suicídio e, assim, mantiveram a mente impregnada de dor, adquirindo um volume muito grande de amargura que passaram a carregar quando se deram conta da nova realidade.

Mas a bondade divina é imensa e reverter a dor em esperança, o sofrimento em consolação, dá-nos a grande certeza de Seu amor por nós, pois sempre haverá para esses sofredores, aqueles que por eles labutam, que se importam verdadeiramente e que, vivendo o amor incondicional, partem em auxílio ao próximo.

Que Maria de Nazareth nos acompanhe e que consigamos sempre servir na seara de nosso Mestre Jesus.

Yvonne

Capítulo 1

# Em auxílio fraterno

Revendo, na tela do infinito, algumas encarnações anteriores, nós, que procuramos zelar pelos que sofrem no umbral a perda do corpo físico, ocasionada por suas próprias incúrias, buscamos por nosso instrutor espiritual para indagarmos se seria possível alcançar o ser que convivera conosco em época remota, pois sabíamos que ele havia se lançado nas trevas do terrível abismo e, assim, poderíamos retirá-lo das mãos de perversos agentes do mal.

Obtendo permissão do Mentor para aquela tarefa, preparamo-nos para esse salvamento formando uma equipe de oito trabalhadores. Sabíamos que não seria nem um pouco fácil, mas que, de nossa parte, nos traria imensa realização pela favorável contribuição a alguns encarnados, grupo de irmãos infelizes que estava sendo envolvido pouco a pouco pelo comando dos infratores do mal.

Saímos de nossa morada acompanhados por dois instrutores e pelo benfeitor maior Silvério, um Espírito muito admirado e amado por nós desde encarnações anteriores, pelo fato de sempre ter procurado, primeiramente, o bem do próximo e, depois, o seu próprio.

Começamos a descer o tenebroso umbral, localizado entre duas grandes rochas, cujo final não avistávamos. Baixando sempre, quanto mais descíamos, mais percebíamos que a penumbra se tornava verdadeiro breu, uma escuridão terrível.

Em pensamento, inquiríamos ao benfeitor sobre como conseguiríamos nos aproximar do ambiente que desejávamos, mesmo possuindo conhecimento, através do estudo das obras do Espírito André Luiz, sobre a maneira como são realizados esses auxílios fraternos. Então, fomos informados de que utilizaríamos um equipamento especialmente desenvolvido para localizar, mesmo na escuridão, e que não nos faria falta outro tipo de iluminação para concluir o que desejávamos.

Pudemos visualizar, então, onde estava aquele

Espírito por intermédio de uma câmara de localização que era levada pelas mãos de um de nossos instrutores.

Quanto mais descíamos, mais o calor aumentava e mais parecia que estávamos andando diretamente ao centro da Terra, o que não seria, de todo, uma ilusão.

A intensa neblina, talvez criada pela nuvem de calor e pela umidade das rochas escorregadias, dificultava ainda mais a nossa viagem. Quietos e em oração, além de extremamente interessados em descobrirmos a que distância nos localizávamos, olhamos para o alto a fim de averiguarmos se seríamos capazes de divisar o patamar daquelas duas imensas rochas, mas nada conseguimos ver, pois a distância era de quilômetros e se avolumava a cada passo. Estávamos distantes demais. Nas paredes, infestadas com escura vegetação, corria uma espécie de líquido viscoso, e escutávamos a todo instante, lamentos, choro e desespero, além de gritos que vinham de todos os lados, fazendo com que nos compadecêssemos mais e mais dos pobres infelizes que, quando vestiram as vestes carnais, tanto se afastaram do bem.

Desviamos o pensamento, dirigindo-o às maravilhosas reuniões realizadas em casa de amigos, quando fazíamos o culto do Evangelho no lar, lembrando o quanto fomos presenteados pela espiritualidade naquela época. Através dos benfeitores recebíamos instruções e distinguíamos caminhos, talvez não tão fáceis, entretanto, muito mais gloriosos pelas sementinhas que conseguíamos plantar em corações desajustados e desinteressados no início, mas que mais tarde, voltavam-se também para aceitar o Consolador. Essa satisfação nos incentivava ainda mais no amor ao próximo e no interesse da continuação do trabalho, na Seara de Jesus.

À procura de Justino, continuávamos orando pelos percalços do caminho em direção à nossa meta primordial. Descíamos e descíamos, até parecer que chegávamos aos confins da fenda imensa, próximo ao centro da Terra, onde o calor era intenso. Ali as trevas totais. Alguns seres esquálidos para saírem de lá, tentavam escalar as paredes altíssimas sem se sustentarem por mais de alguns segundos e, então, caíam, levantavam-se, caíam novamente e, em desespero, tentavam mais uma vez alcançar o patamar que já não conseguíamos ver. Abaixo, grandes aranhas circundavam o lugar, e enormes escorpiões entravam e saíam de seus esconderijos nas rochas, não permitindo um segundo de paz àqueles que ali estavam. Aves fantasmagóricas piavam e emitiam ruídos finos e assustadores como o silvar de grandes anacondas.

Colocando-nos no lugar daqueles sofredores, sentíamos na alma o sorver amargo do licor dos desajustados e sofríamos junto com eles, todavia, sabíamos nunca estarem eles totalmente desamparados. Nós estávamos ali tentando o auxílio fraterno, através do amor incondicional, que trazíamos com nosso zelo.

Justino, conhecido por nós na época do Brasil Império, deitado de bruços na lama, procurava erguer-se com os braços a sustentar-lhe o corpo cadavérico, porque começava a transformar-se em réptil rastejante, conforme seus pensamentos em relação a si próprio... Erguia a cabeça tentando olhar para cima, digladiando-se com o Redentor, trazendo no pensamento todo o sentimento de rancor por si mesmo, por todas as vidas pregressas quando tanto errara e sempre culpando alguém por sua desdita quando não fora amado.

Há mais de mil anos descia ele aos umbrais, entre uma vida e outra na Terra, sem capacidade para resgatar seu débito, pois não soubera valorizar suas abençoadas reencarnações, quando acabava matando, sacrificando, maltratando o companheiro de caminhada e, assim, ficando cada vez mais comprometido. E, ao retornar ao umbral, tinha despertada a consciência do mal que fizera, tornando-se sempre mais infeliz e, desta vez, transfigurado como serpente, a imagem mental daquele réptil que fizera Adão e Eva cair ao caos de suas imperfeições, conforme aprendera na infância.

Como em todos os locais trevosos, ali onde estávamos também havia Espíritos dominadores que se achavam fortes e poderosos para comandarem aquela região. Mas nem a eles nos fizemos presentes, apesar de sentirem a nossa presença, devido às nossas vibrações serem contrárias às deles. Então, esbravejavam e diziam impropérios contendo muitas ameaças e injúrias a nosso respeito, todavia, com nossa mente dirigida somente ao bem, através da oração, permanecíamos isolados.

Vapores incandescentes exalavam do chão forte cheiro de enxofre. Casas fantasmagóricas surgiam diante de nossos olhos e víamos vários seres assustadores lançarem chibatadas nos Espíritos atormentados que se contorciam no solo, o que alimentava ainda mais, nesses Espíritos sofredores, o ódio e a revolta contra o Ser Maior, obrigando-os a colaborar com o mal. Agora, podíamos dizer que estávamos no verdadeiro inferno. Como Justino nada nos podia dizer, pois já não mais falava, percebemos a dificuldade que teríamos naquela tarefa. Então, procuramos observar como fora sua vida, revendo-a como se assistíssemos a um filme que passava diante de nossos olhos para obtermos as orientações necessárias ao auxílio fraternal de reajuste.

Capítulo 2

# No Brasil Império

Vislumbramos o Brasil de D. João VI, ainda dependente de Portugal, a manter-se com os princípios daquele reino distante, de além-mar, procurando constituir-se solidário com o berço, a pátria mãe. Logo, a independência do Brasil por Dom Pedro I e, mais tarde, Dom Pedro II. Revisamos a pátria brasileira como se voltássemos a um passado distante, descerrando lentamente um véu que acobertava a memória desse querido país, como que a auscultar-lhe o pretérito difícil e trevoso. Um passado de escravos, sofrimentos e lutas, mas também de aparentes glórias, porque ao olhar da espiritualidade e sem o véu a encobri-la, nossa Terra revelava caminhos renovadores na bendita oportunidade do resgate.

O poderio distante, apesar de trazer para o Brasil

a Senhora Dona Maria e sua corte, já lá, além-mar, estava a lamentar-se pelos acontecimentos fatídicos, que destruíam quase tudo. Aqui, era quase como Portugal em outras terras, onde os inimigos eram os mosquitos, a febre amarela e o pobre povo indígena, sendo que este, mais tarde, portar-se-ia como fiel auxiliar. Também os negros escravos que, na consciência estrangeira, só eram importantes para servir.

Passando um pouco adiante no tempo, a mistura de raças surgiu aos nossos olhos: brasileiros que se tornavam moradores de campos e terras e formavam, com seus filhos, netos e bisnetos, a nossa população, que nada mais é do que a combinação de diversas nacionalidades.

Revimos, com saudade, esse país primeiramente português, para vir a ser com lentidão o Brasil atual de hoje, de diversas raças, livre, tecnológico e sublimado pela glória do Consolador, que nos trouxe, através de reencarnações, muitos Espíritos franceses engajados em nossa doutrina, sendo, em sua maioria, os que viveram nos tempos de Kardec.

Antes do Espiritismo, quando agíamos contra as leis eternas de nosso Pai celestial e éramos totalmente desconhecedores do que nos aconteceria após a morte, afinal, jamais imaginaríamos o que poderíamos passar assim que fechássemos os olhos para a vida na Terra. Temíamos a desencarnação. Com o Espiritismo e através dos livros do Espírito André Luiz, além de outros baluartes da divulgação, isso já não nos é mais mistério, porque viemos para cá cientes de que onde está a consciência também está a luz ou a penumbra, nosso céu ou nosso umbral.

Com as visões do Brasil Imperial, pudemos iniciar as considerações sobre a vida desse pobre sofredor das trevas que se colocara num perfeito inferno, ainda coberto de revolta, ansiedade e temores.

Nada dá ao homem o direito de escarnecer de seu próximo. Visualizando algumas encarnações passadas, assistimos Justino, sargento, usando do poder como quem saboreia um simples fruto de árvore. Para ele, era importante que os homens sentissem a força de sua espada, sempre à vista em seu uniforme, pois assim, todos o temeriam.

Interessante como a maldade percorre nossos sentidos quando nos imaginamos poderosos. O poder tem a capacidade de pisar e massacrar o ser humano se não tivermos a consciência da lei de amor e não soubermos usar de vigilância. Isso porque, muitas vezes, detentores do poder e até sem nos darmos conta pisamos sobre os mais humildes, imaginando-os inferiores a nós.

O poder age em nós com a força de um cataclismo, porque geralmente incentivamos a discórdia com a imposição de nossa vontade e até do ódio, através da humilhação de nosso semelhante. E conquistamos, com essas atitudes, novos débitos.

Morando em São Paulo, Justino fora chamado para servir às tropas do Rio de Janeiro por seus dotes de firmeza, astúcia e inteligência, para não dizer severidade, no auxílio à ordem. Fazia os escravos fugitivos sentirem os mais absurdos sofrimentos e humilhações, mas não era só com eles que se orgulhava de tratar com a correção e com a "justiça". Achava que, sendo detentor daquele posto, tinha também poder sobre os mais fracos. Assim, agia com dureza também com todo aquele que fugisse à ordem exigida pelo Imperador. Todavia, na hora da repreensão ao infrator, quase ninguém, marechal ou comandante, conscientizava-se do gênero dos castigos que ele empregava para satisfazer o poder que sentia ter nas mãos.

O sargento Justino, assim iremos chamá-lo, nascera no sertão paulista em Araraquara e fora educado a pontapés pelo padrasto, segundo esposo de sua mãe, que passava o dia castigando-o com chicote, sem que ela movesse um dedo sequer para defender o filho, e dizer: "Não bata nele, Onofre".

Nesse período, os "campos de Araraquara" abrangiam uma vasta região, ainda quase totalmente inexplorada pelos colonizadores brancos, estendendo-se até os confins do sertão. Quando Justino tinha três anos, sua mãe enviuvara e ele ainda se lembrava de vê-la chorando no momento do desenlace do pai biológico. Ela era ainda uma rapariga, bonita, faceira e, por causa disso, não iria ficar sozinha, além de adorar um arrasta-pé. O menino ficava olhando e ria alegre quando os pais dançavam. Mas, depois de viúva, no momento em que ela olhou com o canto dos olhos para um baiano que passou por lá, Justino, contando com apenas cinco anos, percebeu o quanto poderia ser fugaz a felicidade de uma criança sem pai quando a mãe resolvera envolver-se com uma pessoa de má índole. Isso porque, várias vezes, ela o deixava com uma vizinha para estar só com o namorado. Assim, logo "enlaçou-se nas barbas de Onofre", o que fizera Justino sofrer muito.

Nas primeiras vezes em que ele espiara a mãe e o padrasto no quarto, este o repreendera severamente, puxando-lhe as orelhas e batendo-lhe muito. Assim, o menino começou a sentir a dor da rejeição. Em sua cabeça, Josefa, sua mãe, tornara-se escrava daquele homem, fazendo-lhe todas as vontades. O padrasto o chamava de "menino maricas", dizendo estar sempre atrás da saia da mãe, além de tentar induzir Josefa, a todo momento, a deixá-lo de castigo, ajoelhado no milho, para aprender, como dizia, a não ficar como mulherzinha, delicado e chorão. Portanto, a dor do menino solitário precisando do afeto materno, transformara-se em revolta e ódio pela própria vida, começando a tratar a todos com rudeza e severidade.

Mais tarde, quando se tornara adolescente, por vingança ou, até mesmo, por ódio, o filho de Josefa jurou que teria o poder nas mãos para ser duro e rígido com todo aquele que pisasse nele, afinal, aprendera o conceito de que quem não andava na linha deveria ser corrigido.

Quando seu padrasto morreu, Justino se sentiu livre e pôde sair de casa, deixando sua mãe sozinha, a chorar. Ela lhe pediu muito para que ficasse, mas ele respondeu que fora acostumado a permanecer distante e que aquele não era motivo para que voltasse atrás. Vingança? Talvez. A revolta se enraizara em seu Espírito, e seu pensamento agora era de arrumar um trabalho para que não o pisassem novamente, sendo que a solução encontrada era a de fazer parte das forças armadas.

Assim, dedicou-se de corpo e alma para atuar na guarda imperial brasileira e tanto foi correto naquele sistema que criou fama e foi essa a fórmula para se sentir impecavelmente vingado daquele a quem odiara desde sua mais tenra idade.

Trazendo em si a audácia e a coragem de um lutador, Justino travou batalhas nacionais, levando o orgulho e a mania de grandeza na face, achando-se como um herói, quase massacrando quem saísse da regra.

Usava do poder, achando-se com o direito de impor o seu pensamento a respeito do que imaginava ser a ordem e o progresso, tal qual o lema de nossa atual bandeira, mesmo sem o saber.

Assim, iniciou a sua intrigante e pecaminosa história, cópia quase fiel daquela de muitos meninos rejeitados por seus pais e criados em um ambiente sem amor. Crianças dessa pátria de Deus que, desde tão cedo, deslizam para o erro e acabam, quase sempre, tornando-se pessoas amargas, infelizes e até grandes marginais.

O Rio de Janeiro, naquela época, era considerado terra de todos, situado na orla Atlântica, que recebia com seu abraço caloroso um grande número de novos habitantes que aqui ainda aportavam. No início, a população de fazendeiros se posicionou nas terras altas da bela cidade com paisagens estupendas, porque, abaixo e mais próximo ao mar, os terrenos eram alagadiços.

Analisamos nosso Brasil daqueles tempos e o comparamos com o país de hoje, desenvolvido, de uma beleza capaz de tirar o fôlego de qualquer turista e com o Cristo Redentor, de braços abertos, no topo do Morro do Corcovado, a mostrar-nos que jamais deixou de nos abençoar.

Ali, nessa cidade admirada por todos, era onde Justino servia. Se ouvissem falar de um sargento severo, era dele que falavam. Até aí tudo estava certo, mas a coisa se inflamou quando Jamboleão, um negro libertado, e mais dois capangas o induziram à perversidade a troco de muitas moedas. O negro Jamboleão lhe revelara a descoberta de "casos" dos príncipes de Portugal e de toda a nobreza. Assim, o filho de Josefa iniciou a maledicência, empenhando-se em conseguir "comprometer o poder constituído".

E a sujeira da sociedade veio à tona. O governador da província, arfando o peito, facilitou a vida privada de Justino, e este passou a conseguir em valores o que não conseguiria como homem comum, tornando-se cada vez mais rico e cheio de terras. Agora, Justino sentindo-se mais poderoso, imantara-se à ganância financeira, permitindo que a avareza também fizesse parte de seu séquito de maus pendores. Atraía pessoas com ardis, atirando esposo contra esposa, e vice-versa, através de bilhetinhos maldosos, e isso sem contar o que planejava para os próprios nobres portugueses.

Entrou na corte do Rio de Janeiro fazendo um acordo com o negro Jamboleão e ficava com ouvidos ávidos nas conversas de alcova, perpetrando o papel de um verdadeiro detetive. Com o auxílio daquele companheiro, Justino mandava um recado por escrito, difamando quem desejasse, dizendo-lhes que se não lhe dessem tantas coroas, ele revelaria a terrível traição. Contudo, isso deveria ser feito em completo sigilo.

Jamboleão e mais dois pivetes eram os responsáveis por remeter, para as pobres almas, os bilhetinhos maldosos:

"Sua mulher o trai com alguém de sua maior confiança e, se quiser saber, paga-me tanto", ou "Sua filha está mantendo caso com uma pessoa que o Doutor não gosta; se deseja saber, paga-me tanto, em tal lugar, a tal hora" ou ainda "Se a Senhora quer saber onde seu esposo vai estar nesta noite"...

Mas nunca Justino aparecia, pois era da guarda imperial. Esse foi o trato com o negro, sabedor de que o sargento tinha o poder nas mãos.

Naquela época, muito se confiava na guarda do Brasil, naqueles homens que deveriam defender as pessoas e não estavam inclusos nas listas dos que hoje muito erram. Nesse período do Brasil, pertencer à guarda imperial significava ser respeitado, e Justino se considerava um homem de sorte. Porém, um dia, foi descoberto pelo governador que, comprando o segredo de Jamboleão por cem coroas, fez com que este "entregasse" o sargento, sem mais nem menos. No entanto, o governador, ao invés de colocar Justino na cadeia, obrigou-o a servi-lo naquilo que considerava de seu maior interesse. Isso fez com que Justino ficasse em suas mãos, entretanto, obtendo maior renda por esse outro trabalho. Mesmo assim, teve época em que Justino foi apossado por grande temor, pois ouvira falar que havia um soldado que o estaria espionando.

Sabe-se que não é fácil algum segredo ficar guardado a sete chaves, ainda mais quando muitas pessoas da sociedade se encontram incluídas nos trâmites maldosos. Assim, houve uma época em que a cidade inteira tomava cuidado com olhares vindos de qualquer lado, imaginando que os estariam analisando ou que alguém os estaria ouvindo. Todavia, os romances secretos não paravam, aliás, parecia que uma sede de traição estava pairando pela cidade, porque se imaginava que, na realidade, o que as pessoas mais gostavam era dos assuntos encobertos, nem que fosse por uma suave neblina. Quanto mais secreto, maiores eram as paixões, maior o cuidado e mais traições eram cometidas. Assim, os ouvidos do filho de Josefa sempre estavam totalmente abertos, mas como se estivessem cerrados, para não correr o boato de que era ele quem estava por detrás de tudo.

Justino estava sempre na roda dos anciões fofoqueiros que, não tendo mais o que fazer, ficavam sempre a comentar a conversa das negras escravas sobre seus patrões, e era nessa hora que a maledicência dobrava de tamanho e corroía a vida das donzelas, das mães de família, dos patrões, com toda a sorte de sofrimentos que a cidade procurava resguardar em absoluto segredo.

Capítulo 3

# Um encontro de almas afins

Aqui, inicia-se a história de um grupo de Espíritos, que veio ao orbe terreno para procurar desfazer-se de grandes débitos, contraídos pelas distantes semeaduras, através das mãos do que chamamos destino.

E um desses Espíritos era Lucinda, jovem portuguesa de dezesseis anos que, cheia de arroubos em sua alma, começara a entusiasmar-se em ter o que toda jovem sonha, alguém que a amasse, que a apanhasse nos braços e a levasse ao altar, mas que infelizmente se desiludira, devido à imposição de seu pai, que escolhera para ser seu esposo um navegador de quarenta e oito anos, Dom Fernando dos Abrolhos, bem mais velho que ela.

Saindo de Portugal, para onde voltaria seguidamente, viria ele morar aqui no Brasil com sua bela e pura companheira, no entanto, a esposa teria que ficar afastada dos familiares, dos amigos, daqueles a quem queria bem e, sem dúvida nenhuma, isolar-se-ia em uma fazenda, aguardando sempre o retorno do austero e sisudo esposo. Isso, para qualquer donzela de um país que se movimentava com amizades, festas e bailes, seria um derradeiro "enterrar-se viva".

E, assim, tudo aconteceu.

Os dias passaram, e Lucinda permanecia sempre envolta em lamentação e tristeza, e com a mente desocupada. Ela procurava entreter-se com os bordados, o piano e constantes caminhadas pelo jardim. No entanto, seu coração jovial não aguardava o esposo almirante, mas alguma alma bondosa que pudesse tirá-la daquele desterro, pois se sentia imensamente infeliz.

Talvez, se ela fosse verdadeiramente cristã, alma dedicada ao bem, entregar-se-ia à caridade, dedicando-se ao próximo, visto que tão necessitado estava o povo sofredor. Mas nada mais fazia do que passeios pelo jardim, vagando entre as plantas, como árvore infrutífera, até ter o primeiro bebê, uma linda menina chamada Isolda.

No primeiro ano de idade, a criança preenchera parte do tempo da mãe, pois Lucinda advertira os empregados que ela mesma desejava cuidar de sua filhinha. Dois anos depois, viera para seu lar, Estelita, travessa e faceira, que em nada se parecia com a irmã. Esta não queria brincar de boneca e, desde pequena, fazia muitos planos:

– Quando eu crescer, serei dançarina; ou... Quando crescer, vou casar-me com um belo "par de orelhas". E todos riam dela.

Já com sete anos, a menina se acalmou e utilizava a maneira aristocrática de falar da mãe.

Os dias transcorriam, e a "vida", como diríamos, só retornava à fazenda quando o almirante chegava. E, com ele, vinham altos militares de tropas e estrangeiros, que permaneciam somente a olhar as mulatas escravas, bebendo até cair, rindo-se de tudo, enquanto Lucinda era obrigada a aguardar o esposo na alcova, por ciúme da parte dele. Esses homens, passando de um lado a outro, davam pequenos beliscões nas mulatas, convidando-as, com isso, a repartirem a noite com eles.

Mas se isso era alegria para Dom Fernando, não acontecia o mesmo com sua esposa, que se sentia abandonada e apenas útil para procriar seus filhos. Além de chorar por estar afastada de seus familiares e longe da pátria amada, ainda sentia verdadeira ojeriza pelo forte, grande, e malcheiroso esposo. Então, começou a analisar o negro Ambrósio quando atendia às suas crianças. Notou o carinho com que ele as tratava e começou a prestar mais atenção em seus gestos e em suas palavras. Ah... Como aquele escravo era diferente de seu rude esposo. Observava ainda que Ambrósio a ouvia atento quando tocava piano, olhando-a a distância com lágrimas furtivas... Observava como ele a admirava ao bordar e, seguidamente, avistava-o a sorrir para ela. Então, começou a sentir que ali estaria o amor. O negro era humilde servo que lhe auxiliava em casa, mas trazia uma certa cultura escondida e um porte atlético, além de ter humildade, ternura e compaixão por todos os escravos que sofriam na fazenda. Lucinda também tinha, sempre a seu lado, Isolina, que ali trabalhava como doméstica, tia de Ambrósio, que o acompanhara desde a África. Outros escravos labutavam na fazenda de Lucinda, mas não conviviam na residência do casal. Isolina, por sua vez, muito dedicada à família, apesar de ter recebido uma carta de alforria de Dom Fernando, preferira continuar ali trabalhando.

A esposa de Dom Fernando era alegre e risonha quando em brincadeiras com suas filhinhas, no entanto, perante o negro, calava-se. Muito religiosa e tendo como acompanhante frei Antônio, um jovem franciscano recém-chegado de Portugal, achava que se mirasse fixamente Ambrósio estaria pecando, pois o rapaz muito a atraía. Também esse era o procedimento do escravo que somente lhe colocava o olhar quando ela se encontrava dispersiva. Olhares fugazes admiravam os cabelos sedosos e longos de sua senhora, prisioneiros em brilhante fita rosa, e o seu corpo esbelto, com aquela voz doce e sorriso encantador. E a atração foi desenvolvendo-se tanto entre eles, que ela ficou preocupada com aquela aproximação. Foi aí que, na volta de uma das viagens do esposo, perguntou a ele, enquanto bordava à noite, depois de ter deixado as suas meninas na cama:

– Esposo, porque não levas Ambrósio para a embarcação contigo? Vê que ele é um homem forte e consegue trabalhar em coisas mais importantes do que permanecer em casa, trazendo lenha para o fogão, verduras e frutas para nossa alimentação ou acendendo o fogo e fazendo certos trabalhinhos domésticos.

– Penso que não deverei levá-lo, porque é bom haver um homem por perto. Afinal, só há mulheres na casa e eu passo muito tempo viajando...

– Nós ficaríamos bem, eu e Isolina. Não precisamos de ninguém conosco, além do mais, frei Antônio nos visita seguidamente, quase todos os dias, e o sargento Justino passa por aqui, vez em vez, perguntando-nos se necessitamos de algo. Isso sem contar com os homens da senzala.

– Sim, mas isso não pode ser. Para eu colocar Ambrósio na embarcação, muitos trâmites seriam necessários. Esqueça-se disso, minha querida.

O tipo sisudo do almirante com seu grande bigode, barriga avantajada, quase careca, lábios finos e possantes sobrancelhas, que quase escondiam seus olhos pequeninos, começara a criar em Lucinda certo asco, enquanto o coração ardia pelo negro que sempre se mantinha dócil, suave, amoroso com sua tia, fiel à Igreja e orando na parte de fora do prédio, onde os escravos assistiam à missa.

Os dias corriam, chegavam as novas estações, e o sargento Justino vendo os olhares fugidios entre o servo e sua senhora e não mais alcançando as grandes sensações que obtivera anteriormente quando livre para a maledicência, resolveu olhar de perto a situação. Na realidade, ao vê-los, como que ardia em ódio, ciúme ou o quê fosse sem conseguir compreender aquele sentimento. Assim, para adiantar sua obra e obter muitos valores do almirante, um dia procurou falar com Lucinda:

– Dona Lucinda, bom dia. Como estão as coisas aqui? Precisa de meus serviços? Tenho alguns dias de folga dados pelo governador, e como seu esposo me pediu para cuidar desta casa como se cuida de "um filho", ofereci a ele meus préstimos para que a senhora e suas meninas pudessem contar com a mais redentora paz. Por isso, eu já trouxe algumas roupas comigo a fim de hospedar-me por uns dias aqui, até o seu retorno.

– Meu esposo me falou sobre isso, mas podes ficar tranquilo, porque temos, como sabes, um servo aqui a nos cuidar. Além do mais, frei Antônio está sempre nos dando o prazer de sua graça, vindo visitar-nos quase todos os dias. Não precisamos de sua colaboração.

– Mas não posso voltar atrás, afinal, dei minha palavra ao seu esposo – arguiu firmemente o sargento.

E Lucinda, depois de pensar um pouco mais, pressionada pela insistência do homem da guarda imperial, resolveu:

– Então, estás bem. Isolina irá mostrar-lhe o dormitório que poderás habitar por esses dias.

A partir daí, todas as conversas da esposa do almirante foram vigiadas, todos os ruídos, todos os olhares, sendo esse o único segredo visível entre o negro e sua senhora.

Uma tarde, o sargento viu que Ambrósio se retirou para a senzala e, estando Lucinda a olhar o jardim florido, chegou-se a ela, dizendo:

– Desculpe-me, Dona Lucinda, se a retiro de tão belo prazer, mas preciso falar-te.

– Está bem, eu posso ouvi-lo. De que se trata?

– Trata-se do negro que a senhora tem em casa. Vejo que ele está de caso com a negra Severina. Encontrei os dois abraçados...

Não acabou de falar, pois Lucinda, colocando a mão na boca, como a abafar os soluços originados de sua angústia, entrou correndo em casa.

Justino, seguindo suas péssimas tendências obscuras, sorriu sarcástico e obteve a certeza de que eles, realmente, tinham um caso. Assim, à noite, ele desceu ao porão onde o escravo dormia e, chegando-se próximo, sentou-se aos pés da cama, sacudindo-o para acordá-lo.

– Sargento, o que faz? Deseja alguma coisa? O que posso fazer pelo senhor? – perguntou prestimoso o escravo preocupado, coração aos saltos. – Aconteceu alguma coisa com a senhora Lucinda?

– Vim aqui como amigo, não se preocupe, mas devias ir ao quarto de sua patroa, porque enquanto Isolina dorme com suas filhas, ela o chama.

– Chama por mim?

– Vi que ela o ama, Ambrósio, e deves atender o seu chamado.

– Mas não posso fazer isso, ela é a senhora da casa e merece meu respeito. Bem... Mas se ela me chama, irei lá, sim senhor. Talvez, precise de um pouco de água antes de adormecer.

Internamente, o sargento ria de sua astúcia. Sim, aquele seria um prato cheio para o almirante. Mas como iria provar a traição? Imaginou muitas coisas, mas só uma lhe fez sorrir novamente. Enquanto Ambrósio saía, o sargento apanhou uma camisa de seu uso para colocar dentro de uma gaveta sobre as roupas do almirante.

Coração acelerado, sendo acompanhado pelo sargento, o pobre Ambrósio adentrou no dormitório de Lucinda, batendo de leve na porta. Vendo-a adormecida fez questão de perguntar-lhe, falando baixo:

– Dona Lucinda, Dona Lucinda, sou eu, Ambrósio. O que a senhora quer comigo? Trouxe-lhe uma talha d'água.

Acordando e colocando as mãos para puxar o lençol e cobrir-se mais, Lucinda gaguejou descontroladamente:

– Ora... ora... Se eu quisesse água teria pedido antes de deitar-me.

– Senhora, perdoe-me. Disseram que precisava de mim – e saiu descorçoado.

No dia seguinte, quando frei Antônio foi procurá-la na fazenda, Lucinda se dirigiu à capela com ele, dizendo que iria confessar seus pecados, o que realmente aconteceu. Iniciou a conversa lastimando-se da vida inútil e vazia que estava tendo, mas em determinado momento e demonstrando certa angústia, falou ao sacerdote:

– Frei, se algo acontecer comigo, peço-lhe que cuide de minhas meninas. Promete?

– Sim, prometo, mas o que acontece? Por que o medo?

– Não sei, tenho maus pressentimentos em relação à minha vida. Esse sargento...

– O que há com Justino?

– Ele não me deixa em paz. Segue-me sempre por aonde vou... e ... Frei, preciso que Ambrósio se afaste daqui.

– Mas por quê? Ele é a sua mão direita, Dona Lucinda. Está a cuidar-lhe e às suas filhas.

– Justino deve estar aqui por ordem de meu esposo, mas... Será mesmo que foi Fernando quem o mandou?

– Mas o que teme, senhora?

Lucinda não quis dizer nada ao frei. Cada vez que ele lhe perguntava algo, ela desviava o assunto, mas, finalmente, tomando coragem, decidiu-se:

– Já que estou me confessando, se morrer quero partir em paz. Bem... Vou dizer-lhe o que temo, frei. Eu estou amando e penso que ele também sente o mesmo por mim.

O religioso arregalou os olhos e se movimentou, preocupado.

– Quem? A senhora e o... sargento?

– Oh, não. Aquele homem me dá medo, apesar de não lhe querer mal. Ambrósio e eu nos amamos, e esse amor explodirá, um dia, se ele não se afastar de mim.

O frei pensou por alguns segundos e acabou argumentando, sem poder consolá-la:

– Bem, se for assim, eu mesmo falarei com o almirante para colocá-lo na embarcação.

– Isso eu já pedi, frei, mas ele negou.

– Então, direi a ele que preciso do escravo comigo.

– Faça isso! Faça isso, por favor!

Capítulo 4

# O resultado da maledicência

O sargento, que espreitava Lucinda e Ambrósio, aguardava o momento de apanhá-los em pecado, todavia, nada percebera de errado entre eles naqueles dias. Só que a desconfiança continuava em sua mente e em seu coração, repletos de maldade. Sim, eles não pecavam, mas mesmo assim os entregaria. Não tinha conhecimento sobre o porquê de agir daquela forma. Seria por ciúme da jovem senhora? Ela e o negro lhe faziam ferver o interior, e aquele sentimento florescera desde o dia em que os vira pela primeira vez. Coisas inimagináveis, assuntos de longa data...

Chegando ao porto do Rio de Janeiro, o almirante cansado da longa viagem depois de tantos meses fora, sentia-se feliz em poder rever suas filhas e a abençoada esposa. A saudade lhe apertava o peito, e estava ansioso para chegar ao lar. Sua esposa estaria muito solitária?

Jamboleão, por sua vez, assim que soube que a embarcação aportara, correu para entregar-lhe um bilhete. Dom Fernando o apanhou e imediatamente o leu:

"Senhor almirante, vejo que o senhor anda cego demais, pois sua esposa o está traindo. Se quiser obter maiores informações, precisará pagar duzentas coroas. O receptor é de minha maior confiança e estará disposto a marcar neste mesmo local, aqui no porto, próximo à sua embarcação, para fornecer-lhe as justificativas reais".

O almirante, conhecendo a religiosidade de sua esposa, sabia que ela lhe era fiel, mas aquele bilhete o deixou perturbado. "Onde há fumaça, há fogo", disse a si mesmo, contudo, deveria confiar nela. Mas... E se alguém que estivesse por perto a tivesse seduzido? Afinal, ficara tantos meses fora, e ela era jovem, bonita... Ele, como homem, achava-se no direito de ter outras mulheres, mas ela, jamais. E se isso fosse verdade?

Leu e releu o bilhete. Uma vermelhidão lhe assinalou as faces e, então, olhando enraivecido para o mensageiro, disse-lhe entre os dentes:

– Sai daqui! Isso é um ultraje!

– Mas se precisar saber mais – insistiu Jamboleão –, neste papel está escrito onde poderá encontrar-me.

Dom Fernando apanhou o papel e gritou, já com os nervos à flor da pele.

– Sai!

Ele chegou à sua casa, esbaforido e cheio de desconfiança de estar sendo traído. Sem antes cumprimentar a esposa, subiu as escadarias e foi diretamente ao dormitório para colocar alguns haveres em sua cômoda, mas, ao abrir a gaveta, encontrou a camisa de Ambrósio, cheirou-a e ficou enojado, sentindo que ali estaria a prova da grande traição. E, cheio de ódio, saiu à procura de Lucinda, encontrando-a sentada em uma tosca cadeira, com as pernas apoiadas acima de um mochinho. Ela, sorrindo, levantou-se com dificuldade pelo ventre avantajado para dar-lhe as boas-vindas.

– Lucinda! Estás grávida, maldita! Exijo que me digas de quem é esse verme que está aí na tua barriga!

– Esposo! – respondeu, indignada – Por que dizes isso? Acaso não tivemos filhos antes? Este será nosso terceiro filho. Não estás feliz?

O almirante a esbofeteou, e ela caiu. Dando-lhe as costas e ele tomado de ódio, continuou:

– Maldita! Quem é o pai da criança? E o que fazia esta roupa suja entre os meus pertences? – virou-se, mostrando a camisa do escravo.

– Não sei do que falas, meu esposo. Não conheço essa camisa surrada.

Dom Fernando, então, segurando-a com força pelo braço, gritou:

– Irás me pagar, infame! O que será de meu nome agora?

– Mas porque estás assim? Já chegaste outras vezes, estando eu grávida neste casarão, com os empregados!

– Quem te fez esse filho? Vamos! Responde, infeliz!

E a esbofeteou, derrubando-a novamente ao chão.

– Fala, miserável!

Entre soluços, Lucinda lhe relatou, gaguejando:

– Penso que engravidei na noite de sua despedida quando partiste aos mares de Portugal.

E, tentando desconversar, perguntou-lhe:

– Trouxeste-me o vinho do Porto?

– Infeliz! Mentes! E queres agora mudar o rumo de nossa conversa!

Lucinda chorava tão alto que a escrava acorreu, socorrendo-a:

– Minha senhora, o que aconteceu? Caiu? Mas está esperando um filho, senhora... E seria muito perigoso caso tivesse se machucado. Vamos, levante.

– Deixa-a aí, negra velha! Não vês que a estou castigando? – ordenou o almirante, empurrando-a – Sai da frente, que vou ter uma conversa séria com essa mulher.

– Esposo, eu nada fiz. Se fizer as contas, verás que a criança é tua! Frei Antônio sabe disso!

– Não mintas! O sargento esteve aqui todos esses dias, eu sei. É dele essa criança?

Sem poder parar de chorar, ela somente o mirava com um triste olhar que nada podia responder. Lágrimas de muito fel lhe caíam dos olhos que guardavam profunda mágoa. Ali onde estava vivendo, sentira sempre muita solidão, estava longe de seus pais e sempre colocara toda sua dedicação nas filhas e no esposo... Ela não merecia aquele tratamento.

Recebeu mais um tabefe do almirante, mas, dessa vez, a escrava se agarrou à patroa que, colocando a outra mão no ventre, falou baixinho:

– A criança... está querendo nascer... ajude-me.

E Lucinda caiu ao chão, desacordada.

– Se não queres confessar quem é o sedutor, eu descobrirei de outra forma.

Dom Fernando, então, ferido nos seus mais íntimos sentimentos, sem auxiliá-la a levantar-se, apanhou o chapéu e deixou o lar.

O choro convulsivo atraiu os escravos que lá estavam, e Ambrósio, preocupado e com lágrimas nos olhos, correu para levantar a sua senhora, segurando-a nos braços, auxiliado pela escrava Isolina, que se lastimava chorando:

– Isso foi longe demais! Vamos levar a senhora e colocá-la na cama. Vamos, Ambrósio!

O furor de sentir-se traído fez com que o almirante fosse diretamente a um bar, para tomar uma bebida e procurar por Jamboleão, que já o olhava à distância.

Sem vê-lo, o esposo de Lucinda caminhava de um lado para outro, segurando o queixo, pensativo. Lembrou-se do sargento, mas nem se preocupou, pois um homem feio e de mau caráter como aquele, não atrairia o interesse da esposa. Foi, então, que Jamboleão chegou com a carta na mão, mas não a entregou. Primeiro estendeu a outra mão para arrecadar a quantia que o almirante deveria dar-lhe.

– Pronto, eu estou aqui, negro desavergonhado. E aqui está o dinheiro que desejas usurpar de mim. – falou o almirante, com a expressão alterada, desejando ofender o mandante de Justino.

Jamboleão trocou o valor pelo bilhete, suando frio.

E Dom Fernando abriu a carta lacrada e leu a mensagem:

"É o negro Ambrósio, o amante de sua esposa. Eles se encontravam em seu próprio leito, que não ficou vazio com a sua ausência. Encontrará provas no seu dormitório.

O amigo desconhecido".

– Espera aí! – ordenou o almirante, gritando a

Jamboleão, que já ia saindo. – Quem é esse bandido que me manda este tipo de recado?! Vou matá-lo!

– Não sei de nada, doutor, ele aparece com um manto e não descobre sua cabeça – respondeu Jamboleão, gaguejando.

Dando-se conta do ciúme imenso e do que fizera à esposa sem antes tê-la ouvido, o almirante baixou a cabeça, pensativo. Depois, olhando para o mensageiro, segurou-o pelo pescoço e gritou:

– Isso é uma tremenda injúria! Mandarei matar aquele que injustamente acusou minha fidelíssima esposa! Ora essa, se eu vou acreditar... Gente maldosa e alcoviteira... Ambrósio é castrado!

Jamboleão arregalou os olhos e se viu em maus lençóis. Como é que o sargento não soubera disso?

– Então, o que me dizes agora? Onde está esse malfeitor?! Leva-me a ele!

– Não o conheço, eu sou somente um mensageiro que ganha algumas moedas e leva o recado! – gritou, fugindo.

– Ora, se vou acreditar nisso! Vou levar-te aprisionado até que me relates quem é esse infeliz!

Mas Jamboleão sabia correr mais rápido do que o esposo de Lucinda e desapareceu na noite.

Em casa, Lucinda estava desacordada. Volta e meia dava um gemido. Ambrósio, que a amava com todo o encanto de seu puro coração, ajoelhado em sua cabeceira, apanhava sua mão e derramava silenciosas lágrimas, enquanto, na cozinha, Isolina aquecia a água para tentar estancar o sangue que tingia de vermelho as roupas de cama de sua senhora.

Ambrósio sabia da infelicidade de ter nascido naquela posição, como escravo. Ser esquecido do mundo, sem poder ter família ou mesmo amar realmente aquela bela e dócil mulher, era-lhe desesperador. Tratava-a com a maior pureza de sua alma. Seu patrão, como viajava muito e era enciumado de sua esposa, sabendo que o escravo era do tipo que encantaria qualquer mulher pelo seu porte atlético e sua maneira de ser, mandara fazer o serviço que considerava importante para ter um homem zelando pela sua família e dormindo em sua própria casa. Deixara-o inoperante com a castração, antes mesmo de colocá-lo em sua residência.

Agora, o escravo estava ali, diante de seu amor, e

proibido de beijar-lhe as mãos já que a senhora estava desacordada. Queria dizer-lhe que a amava, que seria seu eterno servidor, que a adorava como a uma santa no altar, mas estava proibido de dizer isso, porque a respeitava.

Nisso, Lucinda abriu os olhos. Ele largou sua mão, e ela lhe levantou o queixo, acariciando o rosto do seu amor proibido, com um singelo sorriso. Suas faces aparentavam as marcas da violência de seu esposo, e ela contraía fortemente a fronte, pois sentia forte cólica decorrente da tentativa de seu bebê de salvar-se também.

Por que seu esposo não acreditara nela, tão fiel que sempre lhe fora? E porque a vida lhe havia feito essa cilada, fazendo-a amar com a profundidade de sua alma, alguém tão terno e que mesmo sem estudar, tão culto? Onde todo o mistério?

Sem dar-se conta de seu compromisso com as leis espirituais, Lucinda sofria sem compreender o porquê de toda sua desesperança. E as carícias de sua mão nas faces dele continuavam. Ambrósio as recebia com olhos fechados e acabou beijando sua mão. Ela levou a mão beijada em seus lábios, osculando-a também. Aquele momento foi de tamanha felicidade que suas almas se imantaram em uma explosão de luzes. Como se amavam! Mas por que o destino os obrigou a virem tão distanciados um do outro? E por que precisariam continuar vivendo sem poderem permanecer unidos para sempre? Não seria melhor a morte?

Ambrósio, olhando para a face dolorida de sua senhora, obteve a certeza de que ela também o amava, embora provavelmente de outra maneira, porque não podiam se entregar a uma vida de amor.

Isolina subiu e, assistindo o carinho entre os dois, achegou-se, então, para repreender o sobrinho, mas vendo a sua senhora tão pálida, comentou horrorizada:

– Precisamos chamar o médico, Ambrósio, mas sei que o senhor Fernando ficará enfurecido se não for ele mesmo que o fizer.

No caminho para casa, pensamentos em evasão de dor abrangiam a alma do pobre almirante. Pobre porque, enciumado a tal ponto, não sabia a quem procurar para sua desforra. Pensando somente em seu orgulho e sem dar-se conta de que a esposa poderia estar precisando de um médico. Refletia que só poderia ter sido o sargento quem estivera com ela. Mas, nesse caso, armaria a maior trama para, em cilada, causar a morte do traidor. Faria da melhor forma para que parecesse um acidente. Então, seguiu até onde o sargento se hospedava.

Jamboleão havia escapado das mãos do vingativo almirante e fora às pressas contar o acontecido para o sargento Justino. Este, ofendido por não ter sabido antes sobre o caso de Ambrósio, batia com força na mesa, enquanto Jamboleão lhe outorgava a notícia. O que fazer agora? Certamente, o almirante acharia que ele fora o causador do delito e iria procurá-lo.

Dito e feito. Sem saber que era ele quem aprontara tudo, o esposo de Lucinda subiu as escadarias da casa onde o sargento morava e o cumprimentou. Teria que usar de inteligência e perspicácia para apanhar o bandido.

– Boa noite, almirante, entre. Fez boa viagem? O que desejas?

Dom Fernando olhou para ele com o rabo dos olhos. Jamboleão se escondera em um armário e ouvia a conversa.

– Sargento, saiba que estou muito preocupado.

– O que houve? Por favor, sente-se.

– Pois estou muito preocupado com as conversas

que andam por ai. Dizem que o senhor, sargento, anda malfadando as donzelas do Rio de Janeiro.

Olhando-o com certo desdém, Justino deu uma risada alta, dissimulado, tentando fazer com que tudo lhe parecera uma piada:

– Ora, se não é um perjuro! Isso é conversa de quem não tem o quê fazer, Dom Fernando!

O almirante percebeu que ele estava disfarçando, e o sargento prosseguiu:

– Olha, senhor almirante, isso é uma bobagem. As pessoas têm inveja do meu relacionamento com o governador. Ainda bem que o senhor me conhece, não é?

– Mas sei também que o senhor não desdenha um "rabo de saia".

– Ora, mas homem que não gosta de mulher é... bem... sabes, não?

– Mas não sei até onde vai a tua fidelidade, sargento – argumentou o esposo de Lucinda, com o olhar fixo no homem que, imaginando onde queria chegar o almirante, roçava a face com a destra. E o almirante tentava esfriar a cabeça para não matar ali mesmo aquele ser que achava asqueroso.

– Mas por que me faz esse tipo de comentário, almirante? Sua casa ficou bem cuidada por todos esses meses. Não estás feliz com isso?

– Ainda não se casou sargento?

Vendo onde o almirante queria chegar, Justino respondeu dissimulado:

– Não casei, mas a qualquer hora apresentarei ao senhor minha bela noiva, que dá inveja a todos os olhares femininos. Chama-se Lisa – falava com os olhos fechados, como estivesse lembrando-se dela. – Tem belos cabelos negros caindo sobre as espáduas, olhos verdes luminosos e um lindo olhar de tigresa. É uma belíssima morena, almirante... Queres conhecê-la? Mesmo cuidando de sua casa e de sua família, visitei-a todas as tardes. Lisa é fantástica e...

Abriu os olhos, mas, nesse momento, o almirante já não estava lá. Então, sorriu, dizendo para consigo mesmo: "Dessa me safei"!

Chegando à sua casa, o almirante subiu as escadarias que levavam ao seu dormitório, procurando não fazer barulho, porque tudo estava em silêncio. Sua esposa estaria dormindo? Abraçar-se-ia a ela, implorando que o perdoasse, porque ouvira e acreditara infamantes comentários a seu respeito. Pediria perdão de joelhos pelas bofetadas que lhe dera e, no dia seguinte, levá-la-ia a belos passeios de barco com destino a alguma ilha vizinha, somente os dois para esquecerem o que acontecera.

Pensava nisso, contudo, ao chegar ao quarto, viu quando ela abrira os olhos e colocara sua delicada mão para acariciar a face de Ambrósio, que se encontrava ajoelhado ao seu lado. E, notando que ele lhe retribuía o olhar com um sorriso, na face repleta de afeição, certificou-se de que ali havia algo maior. Lucinda deixou cair a mão, e o almirante explodiu:

– Infames! Então é verdade!

Mas a jovem, naquele momento, estava desencarnando, vítima de uma hemorragia interna. Ambrósio, indiferente ao patrão, chorava, derramando suas quentes lágrimas sobre a mão fina e pálida de sua senhora.

O almirante não quis saber de nada. Sim, ela o traíra terrivelmente. Não entregara o corpo para o escravo, mas lhe entregara o coração. Então, olhou para a esposa e, vendo-a morta, abriu a janela e gritou para os escravos da senzala:

– Chamem a guarda do império! Ambrósio acabou de matar sua sinhá!

O corpo imóvel de Lucinda jazia com um sorriso no rosto endereçado à ternura do escravo que nem se mexeu do lugar. Para ele, a vida tinha mesmo acabado.

Quando Isolina subiu com o panelão de água quente, ouvindo aquilo e vendo o quadro, largou-o no chão e, desesperada, apelou ao Alto:

– Deus, Nosso Pai de amor e bondade, acuda-nos!

Capítulo 5

# O pesadelo de um homem

Justino, quando soube de todo o resultado de sua maledicência, ergueu os ombros e resmungou: "Nada tenho a ver com isso", e fez questão de levar Lisa para o enterro da nobre senhora no dia seguinte. Para isso, pediu que se vestisse deslumbrantemente a ponto de deixar qualquer homem encantado, mostrando a Dom Fernando a noiva que tinha. Mas sua bela morena, delicada flor de coração e bondade, estava muito triste com a desgraça daquela família, porque as filhas do casal ficariam aos cuidados de uma tia que viria de Portugal e iriam de mudança para São Paulo.

A pobre Isolina não cansava de se lastimar porque sabia da inocência de seu sobrinho, mas quem acreditaria nela? Afinal, havia sido sempre assim: os mais ricos e mais poderosos sempre estavam certos, apesar de serem os que maiores crimes cometiam. Além do mais, naquela época, ninguém iria acreditar em uma mulher negra e muito menos em um escravo.

Já em casa, Justino se queixou com Lisa por ela estar com pena do negro aprisionado, ouvindo-a falar:

– Tu te queixas de mim, mas já te colocaste no lugar daquele pobre negro? Ele é inocente, pois a mulher morreu pelos golpes do esposo!

– Por que me colocaria no lugar dele?

– Claro, não te colocaria, porque só pensa em ti. Não é um homem justo e, para dizer a verdade, o que vais fazer na igreja aos domingos? Penso que vais somente para ouvir as conversas de alcova. Sim, porque não fazes nada que o padre ensina. Ouvi-o dizer para amarmos nosso próximo, mas sei que não fazes isso, só tratas bem aqueles com os quais poderás lucrar. E jamais te colocas no lugar de quem sofre. Não és realmente cristão, na verdade, és um alcoviteiro!

O sargento se incomodou e a apanhou pelos ombros, sacudindo-a:

– Mas o que estás dizendo, mulher?

– Ora, o que todo mundo fala. Sei as coisas que Jamboleão me contou. E também que se divertem com isso.

– Ele te contou, é?

– Sim, há muito que sei de tudo. Em princípio, até achei graça, mas no que toca a manchar o nome e a fidelidade de pessoas que te contratam para resguardar a família, bem... Isso para mim é crime!

Justino ficou com o olhar vidrado pela raiva. Sua face ficou avermelhada e os olhos pareciam querer sair de suas órbitas. Então, neste momento, repentino medo se apossou de Lisa, porque nunca o havia visto daquele jeito. Bufando como um cavalo cansado, ele avançou para cima da noiva e lhe deu um tabefe que a derrubou, esbravejando:

– Olha, minha noiva, se abrires esta boca para qualquer pessoa que de ti aproximar, serás uma mulher com o rosto deformado.

Lisa o olhou com medo e respondeu, colocando a mão sobre o rosto:

– Nada direi, meu noivo. Não deves se preocupar com isso.

Agora, ela realmente sabia com quem estava tratando e do poder que o sargento tinha nas mãos. E retomando a palavra com sutileza, Justino a ergueu pelos braços e, acariciando a face da jovem, exprimiu-se:

– Não dirás, porque queres sempre ser linda para teu sinhô, não é?

Temerosa, Lisa confirmou com a cabeça. Precisava reagir e pensar rapidamente no que fazer. Então, terrificada em perder sua vida, tentou dizer a ele que tudo o que desejava era estar ao seu lado:

– Estás com a razão. Quando se ama, deve-se obedecer ao futuro esposo.

Justino sorriu e colocou as mãos sobre os ombros da jovem, porém, ainda a olhava, desconfiado.

– Não estarás omitindo a verdade? Vejo temor em ti. Estás com medo de teu noivo?

Lisa, então, gaguejou, tentando não demonstrar a ele o quanto o temia agora.

– Medo? Não. Não tenho medo de ti.

– Então, esqueçamos tudo e vamos preparar a festa para o nosso casamento que deverá ser uma beleza.

Ambrósio chorava no cárcere, ficando à mercê de tristes lembranças, afinal, sua vida toda fora um sofrimento sem fim. Apartado de seus familiares na África sofrera na carne a dor da separação. Lembrava a face de sua mãe com os belos e doces olhos que o miravam, fazendo-o dormir à noite, contando-lhe histórias dos homens que lutavam com leões, próximo à sua moradia, e das peripécias de seu pai com os animais selvagens. Depois, falava em Deus, o Deus único, todo bondade e amor, que jamais os abandonaria, e das reuniões no casebre, onde ele contava o que tinha aprendido sobre Jesus, com os padres missionários. O menino a ouvia com os olhos muito abertos, imaginando em sua mente infantil as maiores peripécias de seu herói, o pai.

Assim crescera, tornando-se um belo adolescente que amava sua família, amava a África e tudo o que lhe correspondesse. Em um entardecer, quando com sua tia Isolina fora admirar um navio que atracara na praia, ambos viram pessoas levando muitos negros para o barco, amarrados com cordas. Isolina franziu a testa e, sentindo o perigo, gritou:

– Fujamos, Ambrósio! São caçadores de homens!

Ambrósio fugiu deles, mas vendo sua tia ser levada, voltou para tentar ajudá-la, caindo também nas mãos dos escravizadores. Associou, em suas lembranças, a captura dos animais selvagens com a sua captura e com lágrimas nos olhos, adormeceu. E sonhou.

No sonho, relembrou as cordas que lhe colocaram e a embarcação fétida e temerosa; a humilhação, o tratamento desumano, a angústia da separação dos entes mais queridos unida às lembranças dos momentos de ternura com sua família, como que fotografados mentalmente e jamais esquecidos... Além, é claro, da fome e do frio. E vinha-lhe à mente as palavras de sua mãe, dizendo-lhe que todo ser humano é filho de Deus... E cogitava: se era assim, porque aqueles homens se tornavam tão maus com o povo que escravizavam? Começaram a surgir, então, sentimentos de revolta e ódio enfermiço que tomavam, pouco a pouco, seu Espírito. Fora tratado como se fosse um animal em direção ao matadouro. Não havia palavras em si para relatar, caso lhe perguntassem, o que ele havia passado desde o dia em que fora escravizado. Onde ficara sua identidade? Onde sua liberdade de correr e de ser dono da própria liberdade? A história de sua vida terminaria ali? Os escravos eram todos chutados, amarrados em troncos e muitas vezes chicoteados, caso algum, dentre eles, não seguisse as regras exigidas ou se lhes escapassem dos lábios palavras ofensivas sobre aquele tratamento. Faziam suas necessidades ali mesmo, correndo o risco de serem acometidos por moléstias graves, como a peste, e quando morriam eram atirados ao mar. A experiência de ter sido transportado pelo Brasil já fora muito deprimente e não menos dolorida foi a sua chegada à casa de Dom Fernando que, imaginando a inocência da donzela vinda de Portugal e por ciúme ou por receio, mandara extirpar do escravo o que lhe distinguia a masculinidade.

Então, perguntava o porquê de todo aquele sofrimento. Estaria Deus sendo justo com ele?

Dizia isso sem saber que a lei de causa e efeito está impingida em nós, fazendo-nos resgatar dívidas de outras eras, a fim de aprendermos com a experiência.

Com os dias que passavam lentamente, vinha-lhe a imensa saudade da família que jamais voltaria a ver. Sentia agora os horrores do desconsolo, a dor da alma, o desespero e, finalmente, seu cansaço, sua entrega e sua aceitação sem revolta.

Aí, imaginava Jesus e se lembrava de tudo que aprendera com seu pai e sua mãe. Afinal, Jesus havia morrido por todos os seres humanos. Mas por que os homens, tão religiosos que diziam ser, não cultivavam o que Jesus ensinara? Por que os homens diziam ser cristãos?

Assim, muitos dias ele passou no cárcere, e nenhuma notícia recebera sobre Lucinda, até a chegada de sua tia. Ao revê-la, começou a derramar um colar de lágrimas e lamúrias; cada conta, uma gota sofrida, um desabafo.

– Meu filho, não fique tão desgostoso. Se a lei dos homens é falha, a lei de Deus é absoluta. Um dia, todos saberão a verdade. Não se apegue a esse sentimento, porque, então, sim, sairá perdendo sua alma e suas esperanças. Ore por você, mas lembre de que Jesus nos ensinou a perdoar aos nossos algozes, portanto, ore também por eles. Seu pai sempre dizia isso, e você deve relembrar, palavra por palavra, das suas lições. Somente assim poderá sentir-se melhor. Perdoe e ore, ore. Um dia, sairá daqui, porque essa vida, apesar de apresentar-se duradoura, é também passageira.

– Vou tentar fazer isso, minha tia, mas, e a senhora Lucinda? Ela morreu mesmo? – perguntou, porque após as ordens do almirante, havia sido preso e retirado da casa, sem ao menos ter tido a confirmação de que sua patroa e amada havia realmente falecido. E, na prisão, ninguém lhe dirigia a palavra, apesar de suas constantes indagações.

Isolina confirmou com a cabeça e continuou:

– E você sabe que não tem culpa nisso!

Derramando lágrimas e soluçando alto, ele desabafou sua angústia:

– Talvez, eu tenha sido o culpado, porque se o almirante não nos tivesse visto juntos, não teria ficado tão enciumado. Oh, minha tia, é como minha própria mãe... Por que a vida tem de ser assim ? A única felicidade que tive e que apagava de minha alma toda dor foi exatamente estar próximo à minha senhora. Mas agora...

– Tenha paciência, meu querido. Fiquemos felizes em saber que seus pais e irmãos são livres e não foram escravizados. Felizmente, meu esposo já estava morto, senão, morreria de desgosto em separar-se de mim.

– Sabe, minha tia, eu fico tentando descobrir qual o objetivo de tudo isso. O que Deus quer, afinal, conosco?

– Nem posso imaginar, meu menino, mas sei que Deus não é um carrasco como dizem os que sofrem por aí. Um dos negros libertos, disseram-me, andou a procura do almirante no dia em que nosso patrão chegou de viagem e que a senhora Lucinda apanhou daquele jeito. Tenho a impressão que foi daí que veio a calúnia. Só não entendo o porquê, se ela lhe era tão fiel...

– Terá sido o sargento? Bem, se tiver sido ele, mais um sinal de que mofarei aqui. Sabe, tia... Eu me perguntava o porquê de meu sinhô ter feito o que fez comigo logo que cheguei à fazenda, mas quando vi Dona Lucinda fiquei ciente. Ele adivinhara que nos amaríamos. Eu a amei, titia, muito. Sei que nada sou, mas o amor vem da alma e era puro e inocente. E eu vi nos seus olhos o mesmo amor que eu sentia.

– Lembre sempre de uma coisa, Ambrósio. Muitas pessoas que já perderam seus entes queridos dizem sentir a presença de seus amados junto a si depois que eles partiram.

– Essa é uma palavra de consolo, minha tia. Vou orar pela senhora Lucinda.

– Bem, meu filho, eu terei que ir. Vim apenas para dizer-lhe adeus, pois partirei com as crianças de Dona Lucinda para São Paulo. A tia das meninas está chegando de Portugal e cuidará delas. Essa é a ordem do almirante. Ainda bem que o meu "sinhô" não me separou das crianças. Assim, cumpro o que prometi para a senhora Lucinda.

– Vá em paz, minha tia, e não se preocupe comigo. Ficarei bem e confiante.

Lisa, a namorada de Justino, já não sabia o que fazer. Precisaria fugir antes do casamento, ir para bem longe e ficar distanciada do Rio de Janeiro. No entanto, sabia que ele a encontraria onde quer que fosse. Então, por temor, casou-se com ele, mas não demorou um ano, pois cansada de receber desaforos e surras do esposo, falou-lhe:

– Bata-me mais uma vez e direi quem realmente és ao público da igreja.

Justino gargalhou:

– Mas essa é muito boa! Eu sou a lei! Não te deste conta disso? E olha o que posso fazer contigo, mulher! – argumentou, apertando sua garganta – Estou cansado de ti, ouviste?

Nesse mesmo dia, ela desencarnou porque o enfrentara novamente. Contudo, como todos acreditavam na guarda do império e aceitaram que ela se afogara na lagoa, enquanto andava de barco, depois de lá encontrarem seu corpo, boiando. Assim, a conversa na sociedade era essa:

– Pobre Lisa, não suportou o ciúme do esposo e se atirou na lagoa.

A justiça de Deus é sábia e nos traz a dor para que possamos revisar onde erramos e podermos corrigir os erros do passado. No entanto, o coração cheio de revolta quase nada consegue.

Lisa, desencarnada, somente viu aumentado

o ódio pelo esposo e desejava vingar-se. Podendo ser atendida pela espiritualidade, confirmava não querer sair de perto do seu algoz. No entanto, Justino, que a princípio nada sentia, pois já se encontrava ligado com o mal, com o decorrer do tempo, viu as coisas começarem a dar errado para ele. O homem de Araraquara não dormia mais à noite e sua vida se tornara um pesadelo sem fim. Suas amizades eram as mais inferiores possíveis, sendo que Jamboleão e os dois capangas eram os mais próximos, mas os outros, aqueles a quem o sargento desejava firmar amizade sincera, pessoas respeitáveis da sociedade, fugiam de sua presença, conhecendo sua alma perversa. Assim, permaneceu em extrema solidão. Insensível, não conseguia ouvir os gemidos do Espírito, na verdade, da jovem e bela Lisa, a qual assassinara friamente.

E o tempo passava lentamente. Anos mais tarde, soube que ocorrera, na prisão, a morte do pobre Ambrósio. Mas nada lhe abalava, em vez disso, simplesmente ria-se por ter se safado da prisão. Assim, deixou o pobre Ambrósio levar a culpa. Todavia, por tudo o que cometeu de erros em sua vida, chegaria o dia de prestar contas à sua consciência.

Capítulo 6

# E tudo na vida passa

A fazenda de Dom Fernando foi vendida a uma família que saíra da Espanha para tomar novos rumos, hoje diríamos: "fazer a América". Essa família, constituída por Don Esteban, pela senhora Josefa e a menina Lucrécia, aguardara a casa ser reformada, pois necessitava de reparos, após permanecer muitos anos abandonada. Don Esteban colocou na residência todas as novidades cabíveis em matéria de conforto para a família, trazidas da Europa, alimentando sua vaidade e com o intuito de ter a mais bela fazenda do local. No entanto, Lucinda vagava por lá como se não tivesse desencarnado, aguardando sempre por notícias de Ambrósio. Assim, a casa tinha algo de tétrico e pesado. Ouviam-se choros noturnos e vozes de uma mulher clamando por alguém. Durante muitas noites, a filha adolescente do casal, com certa mediunidade, acordava aos gritos, clamando: "Salvem-no!" Então, freis eram chamados até a fazenda para preces e missas na pequena igreja e tudo parecia melhorar. Mas Lucinda de lá não saía. Assistia às missas, todavia, Espírito sofredor que era, fixava-se em seu passado. Havia criado em sua mente a imagem de sua desgraça, prendendo-se mais e mais aos fios invisíveis que a atormentavam e, sem ter ciência do socorro que lhe era enviado através dos guias de luz, permanecia imantada àquele local.

Por sua vez, o almirante recebeu sua cunhada de Portugal, alugou uma casa em São Paulo para ela e as filhas e, logo que vendeu a fazenda, foi morar em Salvador com Inalda, a nova esposa. Após ter se prendido àquela jovem, moça de dezesseis anos, mimada e terrivelmente vaidosa e egoísta, começou a satisfazer-lhe todas as vontades. Assim, com o tempo, frei Antônio, que muito sofrera pela morte da esposa de Dom Fernando, sempre atento ao que acontecia e aprisionado aos deveres de fidelidade à memória de Lucinda, obteve transferência para São Paulo, a fim de ficar mais próximo das meninas, conforme sua consciência ordenava. De comum acordo com Dona Maria Eugenia, irmã de Lucinda, conseguiu bons professores para as meninas, com a finalidade de fazê-las adquirirem mais cultura.

Conforme os dias foram passando, e Dom Fernando tomava consciência de que elas estariam bem com a tia, já não mais as visitava, por motivo do ciúme doentio da segunda esposa. E não sabia ele que as correspondências e os valores que deveriam ter sido enviados para a educação de suas meninas, eram subtraídos pela maldosa alma da nova esposa. Dessa forma, e sem ter mais contato com o cunhado, dona Maria Eugenia começou a preocupar-se, pois ficara com muitas dívidas, sendo que, meses depois, veio a desencarnar com grande abalo físico. A escrava Isolina, por sua vez, entrou em desespero, pois o que ela faria com as meninas sem nenhum recurso financeiro? Foi, então, que pediu socorro ao frei Antônio.

– Frei, eu não sei o que fazer. O almirante não nos procura mais – argumentou a escrava fiel. –, e nós não temos quase o que comer, quanto mais para colocarmos professores para as crianças.

– Isolina, minha filha, nós vamos escrever a ele.

– Mas ele não responde às cartas enviadas há muito tempo... Será que morreu?

– Se tivesse falecido, saberíamos, sem dúvida. Ele é um homem importante, Isolina, contudo, se a resposta das correspondências não vem, penso eu que o melhor mesmo é colocarmos as meninas em um convento. Desde que a Senhora Dona Maria Eugenia se foi, eu penso nisso. Prometi para Dona Lucinda que estaria sempre próximo a elas. Tenho lá os meus contatos e penso que não será difícil usá-los em favor das meninas. A prioresa do convento me conhece e me pede conselhos, às vezes, para sua ordem religiosa. O que pensas sobre isso? Podemos levá-las ao convento?

– Bem, frei Antônio, o senhor sabe mais do que eu o que fazer. Não tenho condições para decidir tal coisa. O que me faz acreditar que existe um Deus é a bondade do senhor, a caridade para com os outros. E nesses "outros", nós estamos incluídos. Não desejaria me separar das meninas, no entanto, não há outra opção. Seremos obrigadas a entregar a residência, e não sei como faremos com a dívida dos aluguéis vencidos.

– Nisso eu darei um jeito. Depois, cobrarei de Dom Fernando.

– Alma bondosa a sua, frei. Deus lhe pague. Também será bom que o senhor guarde o endereço do almirante. Quando levaremos as meninas ao convento?

– Bem... Vou falar com a prioresa. Amanhã mesmo saberemos.

Dois dias depois, Isolina acordou cedo para tratar de vestir as meninas, e Frei Antônio as aguardava para acompanhá-las ao convento. Já com quinze e dezessete anos e apegadas que eram à serva fiel, verteram muitas lágrimas no momento da despedida, imprimindo dor e angústia nas mentes e corações das adolescentes pelos destinos indefinidos que teriam. E a velha escrava, abraçando-as, somente indagava:

– Como farei para viver sem elas, frei?

– Minha boa Isolina – falou o frei, colocando a mão no ombro da negra, que só chorava –, o tempo se encarregará disso. Deus é todo amor, e nossos caminhos sempre nos levarão a Ele se aceitos com resignação. Fica tranquila. Lá terão, ao menos, uma boa educação. Como não têm dotes para doar ao convento, executarão os trabalhos que lhes forem pedidos, mesmo assim essa é a melhor das opções. Pelo menos, não serão abandonadas e terão alimento e uma boa cama. Quem sabe o pai não virá buscá-las mais tarde?

– Sim, frei, mas meu coração, neste momento, desaba.

– E quanto à senhora? O que farás de tua vida?

– Bem... Buscarei um trabalho em casa de família, mas estou velha e não sei se sirvo para alguma coisa.

– Eu escreverei um documento para sua apresentação.

– Devo-lhe mais isso, frei. Obrigada.

Desde o casamento com a jovem Inalda, o almirante não procurara mais pelas filhas. A nova esposa lhe dizia que tinha ciúme e não queria que ele fosse vê-las. Dessa forma, passaram-se os anos.

Isolina, por sua vez, procurava comunicar-se sempre com as meninas, até que se sentiu adoentada.

A velha escrava se aproximou do convento na mais angustiosa dor para ver as meninas e dar-lhes adeus, pois achava que logo partiria para o além. Vendo-as crescidas e acomodadas ao local, viu em Isolda, a humildade de sua falecida mãe e, em Estelita, todo o jeito aferrado do pai. Abraçando-se a elas, sentiu, naqueles dois corações sofredores, o resgate de um passado, sendo primeiramente abandonadas pela fatalidade da morte da mãe e depois pela própria vida que as separava do pai e de seus outros afetos. Mas Isolina teria que ser forte e, ao se aproximar das jovens, ajeitou-se em seu casaco roto, sorriu e com lágrimas no canto dos olhos, inquiriu-as:

– Isolda e Estelita, minhas queridas meninas, que lindas estão! Adaptaram-se bem ao convento?

Isolda sorriu com jeitinho inocente e baixou a cabeça, enquanto Estelita respondeu revoltada:

– Ora, Isolina, até que enfim apareceste. Por que nos abandonaste?

– Estive adoentada. Mas como você está, Estelita?

– O que achas? Quem permaneceria bem nesse tédio total? Quero sair daqui, não aguento mais ficar nessa clausura. Choro todas as noites e tenho ódio de meu pai. Isolda é submissa, mas pensa que ela gosta dessa vida de reclusão?

– Perdoa esta velha, minha menina, mas foi o único caminho que encontramos para resolver sobre sua educação. Frei Antônio escreveu algumas vezes a vosso pai, mas ele não respondeu.

– Tudo isso por causa daquela megera que ele sustenta com joias e adereços, enquanto nós permanecemos aqui, apodrecendo! Ela não lhe entrega as correspondências, garanto. Sinto saudades de minha meninice... Estamos há quatro anos neste inferno, perdendo nossa mocidade... – comentou Estelita, inconformada.

Desejando mudar o assunto, Isolina, com a experiência que a idade lhe dava, argumentou:

– Estás idêntica à sua mãe em beleza, querida, até tive um choque quando aqui entrei, e Isolda, igualmente linda, herdou-lhe a maneira de ser: doce e tranquila.

– Uma sonsa! Ela já deve ter se acostumado aqui neste lugar, mas não pense que esse é meu caso. No princípio, sempre orava para que meu pai viesse arrancar-me daqui, mas agora não oro mais, tamanha a minha raiva em ter que renunciar à vida lá fora, aos encontros com namorados que não terei, às festas que não irei... Isso é demais para mim!

E Estelita colocou as mãos no rosto, derramando lágrimas de revolta.

– Olha, querida, eu mesma pedirei para frei Antônio escrever para seu pai, em seu nome. Talvez, desta forma, quem sabe ele receba a carta, não é?

– Talvez... Mas não sei, não. Desejo muito que papai venha tirar-nos daqui... – respondeu, enquanto Isolda somente ouvia.

– E você, filha do coração? Também gostaria de mandar dizer alguma coisa ao seu pai? – perguntou a escrava, locomovendo-se até Isolda.

– Não desejo nada, somente que ele venha abraçar esta filha, saudosa de um abraço paterno.

– Assim farei. Saibam que as amo com todo meu coração, como se fossem minhas próprias filhas.

E Isolina partiu, choramingando, indo ao encontro do frei amigo.

– Pobres meninas! Sem um carinho paternal! – pensava no caminho.

Com o passar do tempo, a esposa do almirante fugiu de casa levando o que podia levar, abandonando-o, e foi nessa época que ele voltou a São Paulo à procura de Maria Eugenia e de suas filhas, mas encontrou, em lugar da residência que alugara, um belo prédio, pois a antiga havia sido demolida.

Ao saber desse fato, Dom Fernando, que de certa forma fora arrogante e prepotente, baixou a cabeça, derramando amargas lágrimas. Onde estariam suas filhas? Para quem apelar? Desejava ardentemente ter suas filhas com ele. Depois de tanto sofrer com a mulher que o abandonara, tornara-se mais humilde e consciente de suas faltas. Desesperançado, lembrou-se do frei e foi encontrá-lo.

Procurou-o primeiro no Rio de Janeiro, mas não o encontrou naquela igreja. Depois, foi informado de que o frei estaria em São Paulo. Viajou de volta àquela cidade e foi com grande alegria ao seu encontro. Depois dos cumprimentos a frei Antônio, o esposo de Lucinda pediu que o sacerdote lhe informasse o rumo da casa de Maria Eugenia e de suas filhas.

– Dona Maria Eugenia se foi há alguns anos,

Dom Fernando. Ela e tuas filhas, bem como Isolina, passaram maus pedaços. Por que não mandavas os valores a elas?

– Não passei nenhum mês sem enviá-los. Por que perguntas? Elas não os receberam morando na antiga residência?

– Só nos primeiros meses.

Dom Fernando, então, deu-se conta de que Inalda fora a causadora do não envio do dinheiro e explicou ao frei:

– Ah, frei... Eu passei por muitos sofrimentos com a minha nova esposa... Mas agora é tarde, as coisas já aconteceram. Só desejo apanhar minhas meninas e viver com elas pelo resto de minha vida. Como elas estão? Onde se encontram?

– Não te preocupas, porque elas estão muito bem.

– Quero levá-las de volta ao Rio de Janeiro.

– Meu amigo – explicou-se o sacerdote –, é certo que estejas saudoso, mas nem mesmo eu tenho visto suas filhas há algum tempo, pois estão em um convento. Se aceitas um conselho, digo-lhe que serias melhor abraçá-las, mas deixá-las lá, onde vivem.

Ante os olhos arregalados do velho almirante, ele continuou:

- Pensa bem, no convento elas estarão resguardadas. Não seria o mesmo se ficassem em sua companhia, agradável, sem dúvida, mas inteiramente desconexa em relação à família, cujos braços maternos já não existem. Aqueles braços jamais poderão abençoá-las, não poderão acalentá-las e, digo-lhe mais, não poderão encaminhá-las. São duas jovens que necessitam de apoio fraternal e moral.

- Tem razão, caro amigo. Continuo viajando, mas elas terão Isolina, nossa fiel escrava, assim não permanecerão sozinhas. E Isolina? Onde poderíamos encontrá-la? Sabe de seu paradeiro, frei?

Coçando o queixo, o frei relembrou:

- Lembro-me que, ainda outro dia, eu a vi na rua vendendo bolinhos de fubá, mas não poderia dizer onde encontrá-la, porque não perguntei onde se hospedava.

- Vendendo bolinhos de fubá na rua? Que tristeza! E tudo por minha culpa! Sem ela, como vou fazer? Se minha segunda esposa fosse boa, mas nem mais existe.

- Ela morreu?

– Não existe para mim, porque me abandonou, fugindo com um capataz desavergonhado e se foi para o norte do país, levando tudo o que eu lhe dera. Dei-lhe o valor da fazenda vendida e também de outras terras, imaginando que morreria antes dela e que ela ficaria sozinha na vida. Mas ela me enganava, frei Antônio. Só digo isso ao senhor, porque é um sacerdote. Dize-me: porque uma pessoa age assim com outra?

– Olha, senhor almirante, às vezes, julgamos as pessoas e chegamos até quase a odiá-las pelo que fizeram a nós, mas se formos considerar, na maioria das vezes, fomos nós que agimos mal. Todo indivíduo deveria aprender a conhecer a si mesmo e ver se está agindo conforme a moral cristã. Muitas vezes pecamos por orgulho, por egoísmo e nem nos damos conta de que erramos. O senhor teve uma esposa amável, fidelíssima e sincera, sem reconhecer nela as devidas qualidades. Não levou em consideração a vida em que a colocara, trazendo-a para terras estranhas. Sua esposa foi dedicada ao lar. Depois, achou que a outra seria idêntica à primeira, mas cada ser esconde, em seu interior, um universo de ideias e pensamentos, aos quais jamais poderemos penetrar. Já devemos ter vivido de mil formas até chegarmos onde estamos. Fomos sempre os mesmos? Acho que não. Já fomos maus como animais selvagens, assassinos, ladrões, difamadores. Eu creio fielmente que hoje estamos recebendo o que fizemos aos outros,

– Ora, por que motivo pensa assim, frei? Estou ficando indignado.

– Foi Jesus quem nos falou que colhemos aquilo que semeamos.

– Bem... Saiba que eu não...

Analisando a fisionomia de preocupação do almirante, o frei concluiu:

– Perdoa-me, Dom Fernando. Creio que estou falando demais. No entanto, para completar, em relação à tua segunda esposa, o fato de haver pessoas más é porque ainda não alimentaram a chama do amor que Deus colocou no coração de todos os Teus filhos. Pensa assim sobre tua segunda esposa. Um dia, chegaremos a ser melhores, tenho certeza disso, mas não podemos julgar a não ser a nós mesmos e reformularmos o que está errado em nós. Esse é o verdadeiro caminho do Cristo. Se coisas ruins nos acontecem creio ser por nossa própria responsabilidade. Não nos preocupamos em melhorar, nem em ouvir o que Jesus nos exemplificou. Deus é nosso Pai e jamais seria injusto para com um filho. Assim, concluo que essa aberração da natureza, referindo-me à maldade, aos nossos maus pendores, deve vir de muito longe, talvez de outras vidas, conforme acreditava o filósofo Sócrates. Mas sei que o senhor hoje sofre, no entanto, é com a dor que o ser humano tem a capacidade de olhar-se interiormente e implorar por Jesus, voltar às lições que aprendeu na infância. Só o sofrimento faz isso.

– Jamais vou querer aquela vadia de volta.

– Perdoa a tua esposa e ore por ela, porque ela viverá para colher os frutos do que semeou. Perdoar é o primeiro caminho, esquecer é o segundo.

O almirante enxugou uma lágrima e, depois de tantos anos, concluiu:

– Pois é... Ninguém se compara à minha finada Lucinda, porque soube tarde demais que ela foi fiel a mim. Mas como foi gostar daquele negro?

– Como ela amava a todos nós.

– Vi amor em seus gestos e em seu olhar, frei Antônio.

– Bem... Todos nós amamos a fidelidade, mas não há mal em se fazer um carinho no rosto de alguém...

– Ah, o senhor, então, lembras, não? Mas se foi isso, porque ele beijava suas mãos daquele jeito?

– Estava agradecido. Nunca viu um escravo agradecido à sua senhora bondosa? Todos o são... Sua esposa sofria a dor da solidão. Saiu de seu país, deixando teus familiares e teus amigos lá, colocando-se naquela fazenda praticamente deserta. O senhor viajava sempre, e ela era muito só. Bem... Penso que o carinho que ela sentiu pelo escravo não foi amor, mas sim afeição.

– Frei Antônio – disse o almirante chateado –, fosse outro a dizer-me que estive errado por tanto tempo, eu o teria esbofeteado, mas sei que o senhor fala pelo bem, ainda que eu não goste de ouvir isso. Sei também que tenho defeitos, apesar de meu orgulho. Orgulho pela pátria, orgulho pelas minhas filhas, pela esposa que tive, pelo que faço e isso também gosto de falar aos quatro ventos. Reconheço ser imperfeito, mas ser perfeito para quê? Ninguém usa isso hoje, e o pecado é normal em todos os homens, mas as mulheres não podem pecar. Eu estive ontem com...

Frei Antônio colocou a mão direita nos lábios, numa posição em que lhe solicitava silêncio, e falou:

– Já sei o que vai dizer-me. Então, peço-te, por favor, deixemos o resto da conversa para outra tarde. Estás bem assim?

– Foi um prazer, ministro de Deus. – respondeu-lhe o almirante e, olhando o frei de soslaio, ainda disse: – Mas o senhor não é um ser puro. Faz também lá das tuas... Quer dizer, deves fazer. Afinal, o senhor também é um homem.

– O único ser perfeito que por aqui esteve foi, sem dúvida nenhuma, Jesus. Mas eu, como sacerdote, uso da renúncia conforme prometi a mim mesmo.

– É... eu sei que teremos que vivenciar o exemplo de Cristo, mas quem quer "morrer na cruz"?

– Muitos, muitos que o senhor não percebe, preferem mais isso ao pecado, meu amigo. Quando se ama, realmente, deve-se renunciar ao pecado. Lembre-se sempre de que o verdadeiro cristão, o que abraça o Cristianismo sem vacilação, é diferente daquele que foge para viver a vida ilusória do materialismo. Temos inúmeros exemplos na vida. O que só vive pela matéria, mais cedo ou mais tarde, cairá no sofrimento, mostrando-nos que só quem ama realmente com o coração transbordante de luz, poderá sentir-se feliz.

– Bem... Chega de recriminações à minha pessoa, mesmo que indiretamente, frei Antônio. E agora preciso ir. Vou ver minhas filhas e abraçá-las, não como me pedes o senhor, deixando-as lá, mas levando-as comigo.

No momento em que penetrou no convento, o homem mais alegre do que nunca, pois se avistaria com as filhas que não via há tanto tempo, primeiramente, benzeu-se, pedindo a Nossa Senhora forças para levar avante o comprometimento em tê-las novamente em casa. Seu coração batia descompassado.

Ao chegar Isolda, ele a abraçou, encontrando-a com a cabeça coberta por um véu. A noviça baixou o rosto e lhe perguntou:

– Como vais, meu pai?

– Bem. E tu, Isolda, já estás recuperada de teus rompantes nervosos?

– Enganai-vos, meu pai, a Estelita que é assim... Não tenho esse tipo de reação...

E, olhando-o fixamente, continuou:

– Minha alegria é muito grande em ver-vos.

– A minha é ainda maior depois de ver como ficaste. Estás bela e doce como tua falecida mãe. Voltas comigo para o Rio de Janeiro?

– Peço que me deixeis aqui. Estou estudando para tornar-me uma professora. As crianças são tão carentes de estudo...

– Mais uma vez te pareces com tua mãe. Ela era uma pessoa muito caridosa.

Estelita entrou no átrio, correu e se atirou nos braços do pai:

– Paizinho, viestes tirar-me deste cruel destino?

Dom Fernando ficou desatinado e se chocou pela fisionomia idêntica a de Lucinda. Mas porque a bela adolescente agia assim?

Estelita estava repleta de ansiedade. Seus cabelos estavam revoltos, pois ao ver o pai arrancara o véu, e seus belos lábios, somados ao sorriso encantador e aos olhos de avelã, mostravam uma beleza sem par e indicavam ao genitor, que se ela voltasse com ele, realmente dar-lhe-ia muito trabalho. Por outro lado, o certo seria casá-la o quanto antes. Então lhe disse:

– Eu estava combinando, pelo bem de ambas, tirá-las deste convento para voltarmos ao Rio de Janeiro. Perdi grande parte de meus tributos financeiros, mas ainda tenho um pouco para sermos felizes, sem preocupações. Então, o que me dizem?

Isolda se comunicou com sua doce voz:

– Jesus pede que eu fique.

Estelita respondeu:

– Pois eu exijo sair daqui!

O almirante, então, dirigiu-se a Isolda e lhe disse:

– A vida no claustro não deve ser fácil, pequena Isolda, mas se és o que desejas, então, assim será. Deixarei o dote que necessitas para estudar e tornar-te uma religiosa. Quanto a ti, Estelita, compraremos uma bela mansão e serás apresentada à sociedade carioca para que venhas a conhecer belo e garboso jovem português.

Os olhos de Estelita se extasiaram, e ela, exultante, consagrou ao pai um breve beijo na face, pela felicidade que estava prestes a receber.

– Não sentes ciúme, Isolda? – perguntou o almirante à filha que os olhava fixamente.

A jovem ficou rubra e respondeu:

– Meu pai, creio ser impossível responder a esta pergunta.

– Nem sentes um pouquinho de inveja? Luzes, festas, alegrias, risos, rapazes da sociedade tirando Estelita para dançar... O amor, o casamento...

Renunciando às alegrias de toda jovem sonhadora e normal, Isolda abriu um triste sorriso, respondendo:

– Melhor será eu retirar-me daqui agora, meu pai. Está no momento de nossa prece. Fica com Deus, e para ti, minha irmã, espero que tenhas realmente encontrado o teu caminho.

– Sim, casar-me-ei e terei filhos, mucamas... Oh, estou tão feliz! Mas deixas, meu pai, pois Isolda voltará para nós em breves dias.

Dom Fernando riu-se do jeito brejeiro de Estelita e foi tratar da partida e dos trâmites com a prioresa do convento, enquanto Isolda o abraçava, fazia-lhe uma reverência e beijava sua mão, despedindo-se.

Capítulo 7

# No Astral

Ambrósio, agora no plano espiritual, amadurecido pelo sofrimento que tivera, gozava de uma natureza extraordinária em belo jardim areolado por grande luminosidade, onde as flores e o perfume o encantavam. Os olhos do humilde escravo tentavam abrir-se mais para que aquela admirável sinfonia de cores não desaparecesse. Foi quando viu pousar uma borboleta, entre tantas, em seu ombro. Ele a apanhou entre os dedos sorrindo e, elevando os olhos ao céu, agradeceu ao Pai:

– Obrigado, meu Deus, ainda que eu, tão pobre, um simples escravo, não mereça tanto.

Uma música muito suave surgiu em sintonia afinadíssima, tal qual a que ouvia no piano de sua senhora. Naquele lugar, muito parecido ao que ele sempre imaginava antes de dormir ainda quando encarnado e carregado de angústias e tristezas, via montanhas com cores de diversos matizes, lagos repletos com os mais coloridos peixes e uma vila ao longe onde os indivíduos se entendiam como irmãos.

Uma revoada de pássaros multicores alegrou os ares, alertando-o para a chegada de seres espirituais que o vinham receber. Diante de muitos Espíritos que pensava reconhecer, um ancião se aproximou, falando-lhe:

– Bem-vindo, Ambrósio. Sei que está se perguntando como veio parar aqui. Olha para seus antigos companheiros de longuíssima data, reconhece-os, mas não lembra seus nomes, no entanto, peço que acalme o seu coração e venha descansar um pouco.

– Penso que morri.

– A morte não existe. Somos imortais, meu filho.

– Então, por favor, antes do descanso, eu gostaria de saber onde se encontra a senhora Lucinda que veio antes de mim. Não a vejo.

– Venha, meu filho, tudo tem seu tempo. Agora deverá descansar o corpo esgotado que ainda se ressente do desligamento.

Sem mais nada dizer, Ambrósio se deixou levar pelo braço daquele servo de Deus e, passando pela multidão de Espíritos que para ele acenavam, somente sorriu.

Tempos mais tarde, o antigo escravo despertou sem saber onde estava. Olhou à sua volta, encontrando o antigo amigo Gregório e seu auxiliar Grimaldi que, sorrindo, assistiam seu despertar.

– Onde estou? Que lugar sagrado é este em que me encontro? Isso só pode ser um sonho... Eu não poderia estar aqui, pois estou aprisionado. E tive um sonho tão lindo...

– Ambrósio, relaxe, meu amigo. Sua veste de escravo já não existe. Está aqui, porque esse é o lugar de seu merecimento.

– Meu merecimento? Mas eu nunca mereci nada...

– Lembra das pessoas que auxiliou? Dos infelizes aos quais levou bom animo? Daqueles por quem orou, mesmo sem ser ainda um cristão, para que melhorassem, para que não se desesperassem, para que servissem sem revolta, e ainda os cuidados que teve com todos da casa onde ultimamente serviu?

– Não sei se tenho merecimento algum. Nada fiz.

– Devemos dar tempo ao tempo. Sua memória

ainda está envolvida pelas nuvens de penumbra que o Planeta absorve. Não tenhamos pressa.

– Mas eu sou somente um escravo, e não mereço ficar aqui, nem saberia... Fui sempre dependente de quem me alimentasse e me oferecesse cama e comida...

Ante o sorriso paternal de Gregório, o antigo escravo se calou.

E o tempo passava...

Ambrósio se perguntava constantemente onde estaria sua patroa, que lembrava ter perecido em seus braços. Somente revia, em seus pensamentos, sua face terna e o fervor que mantivera por ela. E orava como se dissesse a si próprio:

O que o fizera amá-la tanto? Ele, um escravo, sem nenhum tratamento civilizado, mas que aprendera a ler com ela, por muito querer, sendo somente esse o predicado que o mantinha mais próximo à sua bela patroa... E na prisão, sem nada poder fazer em sua defesa, entregara toda sua dor nas mãos do Salvador que soubera ter morrido na cruz por todos os cristãos. Nunca se sentira cristão realmente. Prestava atenção às preces de sua senhora, quando chegava o entardecer e quando a acompanhava à missa, ficando sempre do lado de fora da igreja, conforme a tradição da época. Contudo, chegava a ouvir as recomendações do frei, que dizia a todos que não se podia pecar.

Todavia, Ambrósio, por sua pureza, nem sabia o que significava a palavra pecado e como se pecava.

Absorto em seus pensamentos foi passando pelas construções elaboradas em material desconhecido para ele, todas envoltas em leve nuvem cintilante e resolveu perguntar ao mentor sobre Lucinda e sua tia Isolina.

– Meu filho, nunca me pediu para ver Isolina e devo informar-lhe que ela ainda se encontra encarnada, mas sua ex-senhora se culpa, imaginando que você ainda se encontra aprisionado, e ela incapacitada de auxiliá-lo. Ao desencarnar, ouviu seu esposo mandar prendê-lo. Desta forma, sentiu-se tão envolvida pelo desespero, por não poder voltar ao corpo de carne e defendê-lo que, até agora, encontra-se naquela fazenda, aguardando o seu retorno. É como uma assombração que caminha de um lado para o outro. Recebeu auxílio para a vinda, todavia, envolta em difícil transe, não nos conseguiu ouvir. Ela não se perdoa e, desta forma, não pode sair de onde se encontra. Veja por si mesmo:

E, em grande tela plasmada à sua frente, Ambrósio, angustiado, lamentou-se ao ver Lucinda andando pela casa da fazenda à sua procura. Com mãos nervosas, envolvendo-as uma à outra, caminhava a esmo de um lado para outro, chorando e não se dando conta das barreiras que mentalmente a prendiam ali. E, dessa forma, falava para si mesma a todo instante: "Ficarei nesta casa até Ambrósio voltar".

– Instrutor amigo, como ajudá-la? – inquiriu-o Ambrósio.

– Quem se prende às teias mentais do pretérito, certamente não consegue desembaraçar-se tão cedo de lamentável entrave. Sem dar-se conta, ela tem no coração a culpa que traz de seu passado, devido aos acontecimentos que te envolveram e agora diz para si mesma que não pode falhar.

– Mas o que de tão grave ela fez? Ainda não sei por que tudo aconteceu. Não entendo por que seu esposo lhe bateu se ela não cometera nada de errado. Passei todo o tempo, enquanto estava no cárcere, pedindo a Deus por sua alma. Teria alguma coisa a ver com aquele sargento?

– Sabe, meu filho – falou, suspirando Grimaldi –, aqui, assim como na matéria mais densa, na Terra que tanto amamos, não somos nós quem devemos punir e nem julgar alguém. Somente a Deus cabe julgar nossas faltas e sempre chegará o momento em que o pecador reconhecerá que errou.

– Pelo menos, permita-me ir até ela para poder acordá-la desse tremendo pesadelo.

– Ambrósio, se pudesse perceber os fios que nos ligam ao passado, fortemente entrelaçados com outros Espíritos que nem sequer lembramos hoje, ficaria surpreso. Já vivemos muitas vidas, desde há muito tempo. Já fomos bárbaros, já fomos céticos e tantos crimes cometemos em favor do que acreditávamos... Estaríamos nós sempre com a razão? Ou era nosso egoísmo, ou o orgulho que reclamava sempre a vitória? O que para mim hoje é importante, ontem talvez não tivesse sido. Com as vidas que tivemos, fomos abandonando pouco a pouco as nossas imperfeições, de forma que hoje estamos um pouco melhores. Se olhares para trás, verá o homem das cavernas e sua evolução. Mas temos sempre que extirpar de nós o desamor, o orgulho, a vaidade e o egoísmo, abandonando-os na estrada, como vestimentas não mais usadas. Assim, iremos iluminando-nos na fé ao libertarmo-nos dessas más tendências. Esse é o processo evolutivo, aprendendo que é importante não alimentarmos mágoas para com as pessoas que nos prejudicaram. Se lesarmos alguém, com más vibrações ou maldades, seremos nós mesmos os prejudicados mais tarde. Podemos comparar isso a um objeto arremessado com força contra um obstáculo. Ele não voltará com a mesma força ou com força maior?

Quanto à mulher que ama, terá oportunidade para acompanhá-la e pouco a pouco também recordará o passado em que todos estiveram envolvidos. No momento, continue no auxílio aos sofredores que por hora atende.

– Sabe, Grimaldi, quando a vi pela primeira vez tive um choque tamanho que me vieram lágrimas aos olhos. A ternura foi imensa. E, naquela noite, sonhei que estava vestido de aristocrata do século passado, ao lado de esposa que não amava, mas lembrando de uma mulher que exalava o perfume da verdadeira felicidade. Então, acordei e fiquei pensando sobre a razão que me fazia adorá-la desde o primeiro momento. Agora, imagino que já vivi com ela outras vezes, mas não tentei ir além nessas lembranças.

– E fez bem. Temos que viver o presente, e não o passado.

– Agradeço-lhe e saberei esperar com paciência a liberdade de Lucinda, enquanto nós trabalhamos com os que aqui chegam. Eu e os companheiros de tantas jornadas, dos quais ainda não tenho consciência.

– É assim que se fala, meu rapaz. Quanto a esses que diz ainda não se lembrar, são somente Espíritos afins. Não importa a época em que conviveram ou de onde os conhece. Vamos, agora?

Capítulo 8

# O retorno ao Rio de Janeiro

Enquanto Estelita se preparava para o retorno ao Rio de Janeiro, feliz e satisfeita, de braços com o pai e orgulhosa disso, Isolda voltava a conformar-se na oração, chorosa com a partida da irmã, como se algum elo estivesse dissolvendo-se. No entanto, algo lhe faltava. Estaria fazendo a vontade do Pai Maior? Inconformada, com o coração vazio e a ausência de algo que não podia discernir, pediu à prioresa que lhe desse um lugar dentro da própria igreja para receber aflitos necessitados que estivessem em desespero, sem esquecer seu objetivo principal, as crianças. Dessa forma, poderia completar o espaço vago em seu coração de "mãe", porque toda mulher é preparada para tal. Assim, aguardou a resposta que, por sua ainda inexperiência, foi negativa.

Dias antes de voltarem ao Rio de Janeiro, Estelita encontrou Isolina vendendo bolinhos de fubá na rua e alegremente desceu do coche com seu pai para abraçá-la:

– Minha menina! – falou a velha erguendo-se – Seu pai voltou! Que bom e que saudade senti de você!

– Amiga querida, minha segunda mãe! Que bom te encontrar! Volta conosco para o Rio de Janeiro. – exclamou a moça, deixando a escrava em êxtase de alegria.

– Voltar ao Rio com vocês? Não sei, estou tão velha e doente... Mas fico feliz em encontrá-la, minha querida. E Isolda? Como ela está?

– Isolda resolveu abraçar a causa de Jesus.

– Que caminho glorioso, mesmo que difícil e cheio de renúncias. E você? Afinal, conseguiu o que desejava, não?

– Clausura não é para mim. Como tens passado?

– Ora, assim, assim...

– Assim... Mal?

– Mal passa aquele que não acredita em Deus, minha menina. Estou sempre a trabalhar.

Nisso, o pai das meninas estendeu as mãos para a velha, atraindo-a para perto de si.

– Vem, minha amiga. Cuidarei de tua saúde – falou Dom Fernando.

Sorrindo, Isolina consentiu com a cabeça, e Estelita a abraçou, feliz.

Dias depois, Estelita foi contar o fato para a irmã, levando Isolina consigo:

– Maninha, trouxe uma visita.

– Isolina! Que felicidade!

Ao se abraçarem, Isolina não pôde deixar de derramar algumas lágrimas.

– Filha do coração, por que não vens com a gente, pelo menos por algum tempo? – pediu a velha senhora.

E, diante da felicidade que retornava, Isolda confirmou com a cabeça.

Daí por diante, a velha escrava tão sofrida, passou a sorrir como antes, vendo o grupo familiar novamente reunido. Isso porque Isolda pediu alguns dias à prioresa e saiu em férias a gozar a felicidade com sua amada família.

O Rio de Janeiro fervilhava com suas carruagens e homens importantes andando naquelas estreitas ruas coloniais, frente a rebuscadas construções. Escravos em profusão, fazendo trabalhos braçais, eram analisados por estrangeiros que ali aportavam. Ali estava o verdadeiro Brasil, o verdadeiro lar daqueles personagens que tanto haviam sofrido.

Dias depois, as jovens se sentiam no céu, passeavam pelas ruas de comércio fabuloso com seus vestidos de renda inglesa e sombrinhas de igual porte, tendo, entre elas, o orgulhoso pai. E percebiam rapazes que, embevecidos, tiravam o chapéu ao vê-las passar.

– Estão gostando desta cidade agora, minhas filhas? Em poucos anos, cresceu um bocado, não foi? Mas vejam bem, não quero que venham sozinhas a estes lugares. É perigoso para donzelas solteiras saírem desacompanhadas.

– Não havíamos pensado nisso, meu pai – respondeu-lhe Estelita. – Sairemos somente com a nossa dama de companhia. Ireis dar-me uma dama, não?

– Veja lá o que queres, minha menina. Sabes que já não sou abençoado com a fortuna, como em dias passados, aliás, se não fosse a bênção de receber de minha família portuguesa os valores de uma herança, jamais poderia estar aqui nessa cidade novamente. Aquela rameira...

– Esquecei vossa antiga esposa que não soube vos respeitar, meu pai. – pediu-lhe Isolda.

– Aquela rameira me roubou muito, mas deixa estar. Se a pego...

– Gosto de onde moramos. Da minha sacada posso ver as pessoas passando – desconversou Estelita.

Na casa de Dom Fernando, dois escravos, um de cada lado, aguardavam sempre à porta principal, vestidos com a mesma libré. Estelita sorriu feliz ao descer da carruagem e subiu a escadaria que levava ao salão de estar, como em êxtase, observando o que o pai lá colocara. Estátuas, lustres de cristal, pratarias e tapetes orientais a maravilhavam, enquanto Isolda somente olhava sem nada comentar. Mas os olhos maravilhados de ambas sorriram ao chegar ao salão principal, perante o brilho das luminárias de cristal, com aquela infinidade de velas, iluminando e cintilando com inúmeras cores o ambiente requintado.

Diante desse assombro todo, seu pai lhes relatou:

– Agora, minhas filhas, o próximo passo será recobrar o passado, convidando a mais fina sociedade do Rio de Janeiro para a apresentação de vocês. É uma pena que Isolda queira voltar logo para o convento...

– É uma boba, meu pai. Ela quer trancar-se novamente naquele convento e me disse ontem que está querendo cuidar de criancinhas infelizes.

E o pai baixou os olhos batendo no peito ao murmurar: "Mea-culpa, mea-culpa".

– Papai, ouvistes? Aquelas criancinhas devem cheirar mal...! Esse não é meu caso, não é papai? Afinal, o perfume francês que uso é de dar inveja a todas as moças da cidade. – afirmou Estelita.

Parecendo não ouvi-la, o pai, cabisbaixo, aproximando-se, perguntou-lhe:

– Estelita, será que tua irmã me culpa por tê-las abandonado? Talvez ela não queira ficar comigo por esse motivo.

– Ora, meu pai. Esse não é o motivo. Desde que nossa mãe morreu, Isolda vive somente orando. Acho que ela pensa em ter um lugar no céu como as santas da Igreja.

E mudando de assunto, somente e, como sempre, voltada para si mesma, Estelita ainda perguntou:

– Papai, achais que me receberão bem aqui no Rio de Janeiro?

– Sim, serás bem recebida aqui, e todas as jovens terão inveja de ti, enquanto os rapazes... Bem, deixemos esse assunto. Já estou providenciando a dama de companhia que pediste.

E, a um sinal seu, em direção a uma das portas do salão, um criado entrou na sala trazendo pelo braço uma mucama malcheirosa e descuidada.

Cheia de si, Estelita analisou a moça de cima a baixo; depois se aproximou para cheirá-la e fez uma careta como quem não houvesse gostado. Severina, assim se chamava a mucama, olhou-a de soslaio e adiantou para si mesma: "Essa garota tem o rei na barriga; deve também querer o próprio Imperador para casar-se".

– Pai, essa mucama não cheira bem... E seus cabelos estão engraxados... Não me consegue outra?

O pai fez um sinal com a mão para que o serviçal a levasse e trouxesse outra para aprovação de sua filha.

– Sabendo o quanto és exigente, minha filha, lembrei-me de chamar pelo menos duas, a fim de que pudesses escolher uma do teu agrado.

Entrou, então, uma negra vestida simplesmente, mas com muito gosto: blusa branca, colete estampado e saia rodada em cor telha. Trazia também duas argolas nas orelhas. Os cabelos trançados em mínimas tranças ao estilo africano estavam escondidos sob um belo lenço. Seu sorriso mostrava alva dentadura. Piscou para a garota, e Estelita, olhando para o pai, confirmou:

– Meu pai... até vós vos perderíeis por esta. Fico com ela.

Em sua mente, achou que poderia receber da negra algum conhecimento sobre rapazes e sorriu:

– Então, como te chamas?

– Chamo-me Astrude. Serei sua escrava, sinhá?

– Ora, não me chames de sinhá, pois ainda não sou uma mulher casada, mas de sinhazinha.

Isolda, apesar de ter voltado para São Paulo, agora retornara seguidamente ao Rio, pois vira na face da velha escrava que ela não duraria muito tempo. E assim aconteceu. Seis meses depois, Isolina desencarnou. Muito tristes, as duas filhas do almirante acompanhadas pelo pai seguiram o féretro da escrava que tanto amavam, oferecendo a ela as honras que dariam a um familiar.

Isolda e Estelita sofreram muito, porque jamais supuseram que ela desencarnaria dormindo, sem despedir-se de ninguém. Mas sabendo que a partida é o caminho de todo ser humano, aceitaram, resignadas.

Enquanto isso, no plano espiritual, Ambrósio soube que sua tia desencarnara e que se encontrava em uma colônia espiritual abaixo da sua. Recebeu autorização para ir visitá-la, deixando Isolina muito emocionada. Ela abraçou o sobrinho com grande alegria.

– Isolina, minha tia, vim visitá-la. Quando veio para cá?

– Oh, meu filho querido... – e relatou-lhe todos os fatos ocorridos após a morte de Lucinda, concluindo que as meninas sentiram muito a falta da mãe.

– E o que fazia para acalentá-las? – inquiriu Ambrósio.

– Penalizada, falava-lhes que a mãe estava fazendo uma grande viagem. Assim, elas esperaram pela mãe, dia após dia, chorando e chamando por ela até se conformarem. Depois de alguns meses, apareceu lá o almirante com uma jovem baiana chamada Inalda que dava os ares da senhora Lucinda e que ele conhecera no navio... Bem moça, muito prendada, ela sabia tocar piano e cantar. O almirante estava maravilhado, mas não houve jeito de levar as filhas para morar com ele quando casou novamente, pois sua nova esposa quis morar em sua cidade, na Bahia – e, olhando para a face de Ambrósio, que tinha as sobrancelhas franzidas, continuou:

– Bem... Meu querido, percebo que deve estar querendo saber se ele estava ou não arrependido pela morte da esposa... Mas vou responder-lhe que ninguém sabe o que se esconde na alma humana, qual o passado que tiveram, então, o melhor mesmo é não julgarmos...

– A senhora, minha tia, parece o meu instrutor falando.

– Eu ia contar-lhe tudo, mas como aprendi aqui, achei melhor calar-me. Alcoviteira nunca fui, por que seria agora? Não lembremos mais das coisas negativas.

– Fico feliz, minha querida tia, por pensar assim. Eu também procuro manter-me em paz com meus pensamentos e minha memória. Saiba que já estive com meus pais e fiquei muito feliz. Agora, temos a certeza de que Deus nos ama muito. Também a senhora receberá em breve a visita de seu esposo. Soube disso há pouco.

– Finalmente nos veremos!

– Agora tenho que ir, mas virei sempre visitá-la, é só chamar-me. Até logo, titia. Vou ver Lucinda que permanece na fazenda.

– Que as alegrias do céu permitam sempre que nos encontremos, filho querido.

E Ambrósio, sentindo a situação de sua amada, pediu permissão para auxiliá-la, descendo até o lugar onde passaram seus últimos dias.

– Meu irmão, não sei se conseguiremos tirá-la hoje das teias do passado que a envolve. Talvez precisemos de mais tempo – disse-lhe Grimaldi.

– Preciso vê-la! Por favor, consiga isso para mim.

E, por fim, passados alguns dias e recebendo tal permissão, o instrutor apareceu na fazenda com dois novos auxiliares espirituais: Eudócio e Salvatore. Eudócio o instruiu:

– Não será fácil o que desejas, meu irmão.

– Por que não? O que a prejudica tanto?

– Vamos até lá.

Chegando mais próximo, continuou:

– Veja – falou-lhe o benfeitor.

Lucinda caminhava a esmo como um robô, procurando por todos os lugares os antigos servos, e não conseguia ver os benfeitores.

– O que tem ela? – perguntou Ambrósio aos amigos espirituais – Porque não nos vê?

– Está envolvida mentalmente por dupla culpa. A culpa anterior, que mora em seu perispírito e da qual não se lembra e a de agora, por você ter sido aprisionado. Padeceu anteriormente pelo mesmo motivo quando havia prometido, na espiritualidade, jamais falhar.

– Perdoa-me, não entendo o que realmente houve com ela no passado... Mas se esteve comigo também não consigo lembrar-me. Por quê?

– Na verdade há uma sombra que encobre tua memória, talvez por temor.

– Então é verdade, como sempre imaginei que nós estivemos unidos pelo amor, há tempos. Mas eu não poderei fazer nada por ela?

– Quem sabe? O amor é a fonte da maior pureza. O amor é divino, é de Jesus, é de Deus, portanto, tente persuadi-la, meu irmão – respondeu-lhe o amigo Salvatore, o segundo instrutor ali presente.

Ambrósio se aproximou de Lucinda, apanhou-lhe as mãos e, com muito amor, falou-lhe:

– Minha senhora, esse tempo já passou. Ouve minha voz? Sinta o amor infinito que lhe dedico. Esse amor nos foi ensinado pelo Nosso Pai, que nos instruiu sobre o amor puro e verdadeiro que abrange desde a natureza até os seres humanos.

Lucinda, olhos entreabertos, mas sem enxergá-lo, repetiu:

– Tua voz? Ouço-a? Sim, sim, eu a ouço. És tu, Ambrósio? Então te livraste do cárcere? Graças a Deus! Estava esperando-te e não queria sair daqui sem que chegasses. Mas meus olhos estão nublados, não consigo lhe ver.

Penalizado, o seu antigo servo lhe pediu humildemente:

– Venha, minha amiga, vamos sair daqui. Este lugar já não nos serve.

– Mas para onde vamos? Estás muito machucado? Oh! Tudo por minha culpa!

– Não se culpe e nem culpe a ninguém, minha senhora. Afinal, não continuamos vivos?

– O quê? Morreste? Morreste por minha causa, como antes?

– O que diz?

– Não sei por que falei isso, mas sinto que foi assim. Deves ser por esse motivo que não te vejo! Isso não poderia ter acontecido! Olha as marcas em meu ventre. Meu esposo não acreditou que o filho fosse dele e vem culpar-me, como antes.

– De que fala?

– Algo de que me culpo terrivelmente. Penso tê-lo traído em eras remotas.

Nesse momento, o instrutor Salvatore lhe pediu:

– Venha, minha irmã, descansemos. Mais tarde, recobrará sua memória. A culpa não é uma boa companheira, ao contrário, pode enviar-nos novamente às sombras.

– Sair da fazenda? Não posso! Sou uma esposa confiável e jamais abandonarei meu marido. Não posso errar novamente. Meu pobre esposo, onde está? Tenho-lhe grande pena, pois fui a culpada de tudo. Ambrósio, ajuda-me!

– Mas não o traiu, minha irmã. – alertou-a Salvatore.

– Mas ia traí-lo mais cedo ou mais tarde, porque o afeto por Ambrósio me dilacerava a alma! E minhas filhas, por que não as vejo?

– Não se coloque novamente no inferno onde estava, minha querida irmã. Deve esquecer o passado para iniciar uma vida nova. Venha, feche os olhos e descanse um pouco. Necessita disso. – instruiu-a Eudócio.

Lucinda foi, então, levada ao plano espiritual, sonolenta, para um necessário descanso.

Nos dias que se sucederam, ao acordar, conheceu toda a sua situação:

Onde estou? Estranho este lugar... Não estou na fazenda?

– Não, não está. Aquilo foi o passado que não é bom lembrar – respondeu-lhe o instrutor Eudócio.

– Quanto tempo passei lá?

– Não poderá ter ideia de quanto, mas tente agora pensar somente no presente. Receberá todos os cuidados de que necessita.

– Meus olhos estão nublados.

– Daqui a alguns instantes, poderá ver todos aqueles que aqui estão. No momento, isso seria prejudicial a você.

Lucinda, resignada e com um sorriso nos lábios, recolheu-se para atendimento fraternal e necessário, com objetivo de seu refazimento espiritual, onde permaneceu por algum tempo.

Capítulo 9

# Vidas entrelaçadas

Justino, decorridos alguns anos, estava bem mais cansado, mas, dentro de si, a maldade ainda imperava, caracterizada pela face risonha e agradável para com os mais poderosos; no entanto, todos o conheciam muito bem.

Em um dia de chuva torrencial em que estava servindo a guarda montada, em frente do Paço Imperial, sofreu uma queda do cavalo. Foi aí que muito machucado necessitou de cuidados e de amigos. E onde estavam eles? Começou a pensar nos verdadeiros amigos que tinha, e não pôde contá-los nos dedos. Não tivera amigos leais. Por quê? – pensara – Não teria sido bom o suficiente? Mas e aqueles que com ele se reuniam nas tabernas noturnas, bebendo e comentando sobre as arruaças nos prostíbulos? Onde estavam?

Neste momento caiu em si, percebendo que jamais fora leal para quem quer que fosse, porque assim como ele se vestia com máscaras de amizade, aqueles pretensos amigos faziam o mesmo. A solução seria "comprar" a colaboração daquelas pessoas que já o haviam servido um dia nas negociações indevidas. Com algumas costelas quebradas e quase sem poder falar, devido a dor que sentia, o sargento se acomodou em sua residência, apelando a Jamboleão, à custa de muitas moedas. Este servidor lhe dava sempre a medicação que dizia ser indicada pelo médico da cidade, mas que na realidade era somente um paliativo para a dor. O sargento tossia e sufocava com as golfadas de sangue que lhe saiam da boca, pois também o pulmão estava prejudicado. O choro era seu familiar companheiro e de momento a momento dava pontapés nos móveis para revelar toda sua rebeldia por estar totalmente só. Logo, não conseguiu mais se alimentar, engasgando seguidamente. Lembrava, então, de sua mãe e de como deveria ter sido triste sua morte no isolamento. Febril, manteve-se na mais extrema revolta, ao invés de, com a dor, voltar-se para o bem, aceitando seus limites e dedicando-se a reverter sua vida que, até o momento, fora tão perversa e dedicada ao mal.

Sabíamos que essa seria sua maior oportunidade de crescimento espiritual, porém, cético e cruel, ele jamais se dobraria em aceitar a angústia de não conseguir mais andar pelas ruas, procurando colocar na cadeia algum ser descuidado que errava pela cidade.

Lembrou-se da esposa que assassinara e imaginou como ela lhe fazia falta nessa hora. Então, começou a gritar, chamando por Lisa, para que o socorresse. E a via em pesadelos, ouvindo-a rir-se dele. E foi num desses momentos que não podendo mais com seu sofrimento apanhou sua arma e suicidou-se.

O governador se alegrou por ter ficado livre daquele terrível incômodo, sempre ao seu lado, e lembrando-se do quanto tivera que pagar àquele auxiliar. Riquezas que Justino nem usufruíra, apenas juntando terras para si mesmo. Por sua vez, através de Jamboleão, a população ficara ciente de quem realmente fora aquele sargento.

E Dom Fernando dos Abrolhos, que sentia imenso remorso pela perda de sua amada esposa, sentou-se com as mãos sobre a cabeça, gritando:

– Finalmente te foste, assassino! Jamais sairás do inferno que criaste para ti, sargento! Mataste minha fiel esposa e um negro bom e inocente! Irás padecer no lugar que preparaste para ti mesmo! E eu que fui ouvir as tuas ameaças, malfeitor!

O almirante seguidamente pedia perdão aos desencarnados, à sua esposa e a Ambrósio, e se dedicava mais às suas filhas.

A serva Isolina, ouvindo-o de onde estava, derramou algumas lágrimas de agradecimento a Deus, pois, como dissera a seu sobrinho, a verdade viria à tona um dia.

As palavras de Dom Fernando eram como facadas em Justino, quando ouviu, mentalmente, a maldição que lhe fora dirigida, não somente pelo almirante, mas também por todos aqueles a quem ele desequilibrou com dor e desarmonia.

Em sua mente "desfilavam" todas as pessoas a quem ele havia prejudicado. Desencarnados, a quem magoara, vinham cobrar-lhe o que sofreram por sua maldade, o que eclodira em desespero para seus inúmeros compatriotas. Também lhe procuravam os que, para fugirem ao escândalo, suicidaram-se, sem mesmo ele ter tido ciência, porque as conversas de alcova eram, em quase sua totalidade, "inseridas em cofres fechados", pelo receio de vir à tona toda a sujeira guardada, com uma explosão ainda maior. Isso porque, com as ameaças do misterioso chantagista, ela surgiria um dia ou outro, sacrificando políticos e famílias.

Agora, que ele desencarnara, suas obras apareciam. Eram comentadas como em segredo, de um para outro, chegando sempre aos ouvidos do atormentado Espírito. E as mortes que surgiram desses fatos, crimes passionais, e outros casos, eram como afiados punhais endereçados a ele.

Esses Espíritos vinham cobrar-lhe seu destino, acusando-o, dedo em riste, do mal que receberam por seu intermédio; pelos filhos que deixaram, pela perda de familiares e por todo fardo que carregaram até aquele momento.

Lisa também se mantinha, sempre, perseguindo-o, ria-se dele e não o deixava em paz:

– Estás sentindo, maldito? Não aprendeste nas lições dos franciscanos que do inferno ninguém jamais sai? Já sentiste a dor de um afogado?

O pensamento de Lisa lhe adentrava a mente, de maneira que ele se sentia sufocar e a implorar por um pouco de ar. E assim era feito também através de outros Espíritos que o culpavam.

Mas, em vez de arrepender-se, revoltava-se mais ainda.

Nas sombras, dizia a um companheiro:

– Depois de tantas dores sofridas, agora voltarei para o Rio de Janeiro, pois já me sinto melhor.

– Tu estás no Rio de Janeiro, homem! – falou um sofredor, companheiro das sombras. – É que... Bem... Aqui não estamos sozinhos, mesmo que mal acompanhados. Não verificaste isso ainda?

O sargento não ligou para o que o indivíduo disse, procurando dar os primeiros passos. Mesmo depois de seu transpasse, suas dores continuavam, mas aquela ânsia de sair e procurar revanche de quem o enganara e lhe atirara pragas, fizeram-no andar de novo. Assim, sentou-se em uma pedra e conversou com o homem que ali estava:

– Escuta, vamos fugir daqui! Tenho um trabalho para ti no Rio.

– Não posso. É impossível! – respondeu-lhe o homem.

– Então, procurarei outros para isso ou irei sozinho, mas farei o que tenho em mente.

– E o que tens em mente?

– O ódio. Vingar-me-ei desses homens que me colocaram neste verdadeiro inferno – falou, com olhar de fogo. – Eles fingiam e me agradavam porque eu era da guarda do império.

O companheiro do umbral olhou para ele e ficou chocado. Sua face arroxeada, seus olhos escuros e profundos, seu furo na testa e aquela expressão de ódio lhe causava medo. Então, continuou a conversa.

– Ora, acertaste. Estes teus amigos antigos fingiam.

– Tenho compromisso em procurá-los. Eles me pagam! E vou deixar este lugar fétido de podridão.

Calou-se, então, sem dar-se conta que o cheiro vinha dele mesmo.

Isolda, no claustro, introspectiva e solitária, orava pelo bem da humanidade, não deixando de fazer isso aos desencarnados, inclusive sua mãe, Ambrósio e Isolina, aos quais tanto amava.

Em uma noite, porém, ao recolher-se, fechando a pequena janela da minúscula peça destinada ao seu descanso, quis fazer a prece para os criminosos e se lembrou do sargento, que considerava, desde sua tenra idade, ser um homem de mau-caráter. Imaginou o quanto ele errara e o quanto necessitava de orações. Após alguns momentos de oração, ela foi tomada por grande agonia ao ver perto de si um espectro exalando terrível cheiro e perguntando pelo almirante, seu pai. Assustou-se, mas nada quis dizer a ninguém para não ser chamada de louca e ser colocada, como algumas freiras, num degradante hospício daquela cidade. Então, orou fervorosamente para que ele fosse embora, enquanto o Espírito insistia em perguntar-lhe que fim levara seu pai, pois não o encontrara na fazenda.

– Mas o que desejas com meu pai? Ele não mora mais na fazenda, mora na cidade do Rio de Janeiro.

Ouvindo isto, Justino sumiu.

E Isolda permaneceu muito preocupada. Por que teria ouvido e visto aquele Espírito? Que desgraça para a sua vida! E não poderia comentar com ninguém aquele fato, a não ser com a própria irmã de sangue.

Dom Fernando, antes de certificar-se sobre a verdadeira identidade do infrator, na época do acidente com sua esposa, lutara para acabar com ele, comprando Jamboleão e os capangas. E mantendo falsa amizade com aquele que sempre fizera o serviço mandado, perguntou-lhe um dia:

– Jamboleão, foi difícil acabar com a vida daquele miserável traidor?

– Nem tanto, porque enquanto ele perdia tempo em matutar sobre os pormenores dos encontros, os quais o sustentariam, eu diretamente colocava em seu licor a medida exata do tratamento que combinamos de dar-lhe. Dessa forma, o sargento não notou nada. Pela droga caiu do cavalo e facilitou nosso trabalho. Mais tarde, não suportando o sofrimento, matou-se o danado. Pois lhe digo que grande foi nossa sorte, pois se ele não tivesse ido para o inferno, imagina como iríamos nos virar com aquele perigoso bandido.

Ambos riram, sem se darem conta de que o próprio Justino, atraído pela conversa, imantava-os com fluidos muito pesados, através de palavrões que influenciavam as mentes ligadas ao mal naquele momento.

– Não sentes alguma coisa negativa e pesada por aqui neste momento? – inquiriu o almirante a Jamboleão.

– Que nada... Eu fiquei foi feliz por ter me livrado daquele homem.

E, desde então, Justino começou a pensar sobre como lhes daria uma revanche.

No Plano espiritual, Lucinda estava recuperando-se longe do homem que amava. Mas, em sua cabeça, não podia compreender como duas pessoas que se queriam há tanto tempo, poderiam ficar separadas, ainda mais agora que estavam livres das amarras que o mundo lhes havia imposto. Assim, pedindo autorização para ficar próxima a ele, foi instruída a compreender que, antes de seu restabelecimento total, não seria propício esse encontro.

– Não entendo por que nos separaram – comentava insatisfeita.

– Não será melhor distrair-se com alguma coisa? – inquiriu-a o instrutor. – Observou em que lugar bonito nós estamos? Sei que na Terra é ainda muito amada pelos seus familiares, mas talvez devesse preencher os momentos vazios daqui com o estudo de algum instrumento. A música é tão benéfica... Ou, se não deseja música, que tal começar com um trabalho que se forneça também alguns bônus?

– Não entendi...

– Há muitas formas de passar o tempo onde estamos, nas fronteiras da nossa querida Terra, minha filha. Aqui, assim como quando encarnados, o bem que pudermos fazer aos necessitados sempre voltará a nós mesmos, em nosso proveito. Dar e receber também são leis divinas. Dessa forma, quando nos damos conta já passou o dia e quando menos percebemos já se passaram muitos anos...

– Então, será isso o que farei.

– E ficará feliz hoje, porque receberá a visita de sua filha Isolda. Mas nada de falar-lhe no passado triste, tudo bem?

– Prometo.

Quando Isolda, adormecida, ali chegou, através da emancipação da alma, sem saber que isso poderia acontecer, pois era a primeira vez que saía do corpo e que se lembraria do fato, abraçou Lucinda com grande carinho.

– Minha amada mãe, quanta saudade e como estás bem.

– Minha filha, que bom que estás aqui e que linda ficaste! Então, serás mesmo uma freira? Mas que bonito... E tua irmã?

– Minha irmã escolheu outro caminho que não o das lamentações como muitas de minhas colegas do convento. Eu me sinto feliz falando com Jesus. E a senhora, como te sentes?

– Eu ainda não me sinto completamente bem, querida. Sou acometida por lapsos de memória constantemente. Não sei se estou sonhando ou se estou desperta, porque me sinto em lugares que não conheço. Desejaria ter permanecido contigo e Estelita, minhas filhinhas, em nossa fazenda, no entanto, por vezes imagino que já não são as mesmas. Olha para ti... Estás tão crescida... Não reconhecerei Estelita se a vir. Como ela é?

– Fizeste bem em colocar esse nome em minha irmã. Estrela... Estrelinha... Sim, é condizente com sua vaidade, ou, diria melhor, com sua maneira de ser e de pensar.

– O que desejas dizer com isso?

– Nada, mamãe. Apenas que Estelita é alegre, expansiva e até muito adiantada para sua idade.

– E como está tua vida no convento? Não sentes necessidades como casar-te, amar alguém, ser feliz e ter um lar abençoado com filhos, sem abandonar a caridade e sem deixar a religião que professas?

– Não desejo isso para mim. Eu serei uma freira, mamãe.

– Estelita já se casou?

– Ainda não.

– Acabei de lembrar-me que Eudócio, o instrutor daqui, comentando sobre isso comigo, afirmou-me que saberei quando uma das duas se casar.

– Mas comigo isso não irá acontecer. No convento, a prioresa quer que eu faça os votos logo. Disse-me que depois irá dar-me um posto mais elevado, apesar de que prefiro permanecer na humildade, fazendo uma obra em silêncio, porque sei que é assim que Jesus apreciará mais. Quanto a casar-me, isso nunca acontecerá.

– Nunca é uma palavra que não devemos dizer. E teu pai, minha filha?

– Ele nos deixou uma marca tão grande com sua dor... Ele sofreu muito quando partiste, mamãe.

Lucinda baixou os olhos.

Sentindo muita tristeza em sua mãe ao falar sobre esse assunto, Isolda afirmou:

– Ainda bem que esquecemos logo o passado, não, mãezinha?

– Realmente, és uma verdadeira cristã. – respondeu Lucinda, como que mudando de assunto. – Se Jesus fez um tremendo sacrifício por nós, por que não fazermos por ele?

– Isso é verdade. E a senhora, minha mãe, como te sentes aí?

– Eu? Para que saber mais sobre minha vida aqui? Estou embaraçada por não poder voltar e há algo que me deixa triste quando penso em teu pai. Querida...

Sei que não fui feliz com ele e sinto grande culpa. Mas nunca fui ruim, fui?

– Sempre foste boa para nós, mamãe, mas penso que Estelita precisou mais de sua presença, seus conselhos, pois era tão pequena quando partiste... Quanto à tristeza que sente a respeito de meu pai e que não se lembra, deve ser por que talvez tenha acontecido algo negativo entre vós. Melhor, então, será não pensar nisso. Quem sabe esse é o caminho para tua melhora? Tudo tem seu tempo e não deves estar preparada para essa revelação guardada a sete chaves em seu coração.

As duas sorriram e se despediram felizes, com muitos abraços.

Isolda acordou com uma imensa alegria e escreveu para sua irmã, pedindo-lhe que fosse visitá-la.

Tempos depois, Lucinda começou a lembrar-se de uma vida anterior, na qual fora casada com Dom Fernando, cujo nome era outro, e acabou por lembrar-se também que o traíra, fugindo com Ambrosio, na época Ernesto, e com ele tivera um filho, tudo sendo culminado com o assassinato deste ultimo pelo próprio esposo enganado. Estava ali sua culpa e o ciúme de Dom Fernando por ela.

## Capítulo 10

# A revolta

Isolda, no convento, desejando abraçar a causa do amor às crianças sem pais, não esquecia o fato de ter visto Justino com os olhos quase saindo das órbitas e de ter sentido o odor cadavérico que emanava de seu corpo, perguntando a ela onde estava seu pai, o almirante Dom Fernando. Então, procurou saber sobre aquele sargento que há anos não via.

Quando Estelita chegou para visitá-la, contou-lhe sobre o sonho que tivera com sua mãe e depois a inquiriu:

– Minha irmã, lembra-te daquele sargento chamado Justino que, vez ou outra, olhava a nossa casa quando éramos bem pequenas?

– Lembro-me, sim.

– Dize-me, o que aconteceu com ele?

– Matou-se. Papai me contou que ele foi encontrado morto alguns anos atrás. Suspirei aliviada, porque era mau e jamais gostei dele.

– Pois, em uma noite passada, ele apareceu e se pôs a falar comigo. Fiquei com os nervos à flor da pele. Tinha odor cadavérico e mal se sustentava em pé. Depois das orações que fiz, senti-me mais protegida e é o que deves fazer se isso acontecer contigo. Mas o que te peço é que ores com papai, porque acho que esse Espírito ainda deseja causar-lhe algum mal. Pergunte ao papai o que aconteceu na realidade. Não sabemos nada sobre as almas, minha irmã, mas eu estou tendo visões que, como costuma dizer o Frei Antônio, deve ser coisa "daquele" que quer arrastar todos os que o ouvem para o inferno.

– Não acredito em Espíritos, mas pode ser que existam. No entanto, acho que quem se dedica ao bem só poderá ouvir coisas boas. Deves ter chamado esse Espírito com o pensamento.

– Sim, deve ter sido isso. Agora, eu sei que me protejo com as preces e talvez também com a caridade, mas temo por nosso pai.

– Infelizmente, não posso te ajudar, Isolda, pois papai não é religioso. Mas, mesmo assim, farei as orações, sozinha. Ah... Eu gostaria também de sonhar com a mamãe, quase nem me lembro dela. Bem, estou de saída. Papai me espera na rua e te manda um abraço. Aproveitarei para comprar novos chapéus aqui em São Paulo.

Abraçaram-se, e Isolda agradeceu à irmã, dizendo-lhe:

– Daqui a dois meses me tornarei uma freira, de fato.

– Hum... Que ruim! De qualquer maneira, nós já sabemos e viremos aqui novamente para despedir-nos de ti. Mas é isso mesmo que desejas?

– Sim. É isso que desejo com toda a minha alma.

Em outro local, Justino preparava, com seu ódio feroz, uma grande vingança contra todos aqueles ligados à sua sorte. Contando com o auxílio de novos amigos das sombras, ele agiria para vingar-se de três senhores, sendo que o almirante deveria ser o mais atingido. E, na penumbra, desconhecendo que não tinham mais o corpo físico, irmanaram-se a fim de concluir o plano, sem saber que desta forma e com acúmulo de comprometimentos, ficariam cada vez mais devedores diante da justiça divina.

As luzes do convento se mantinham apagadas, mas a noviça Isolda orava e orava, entretanto, agora com medo da mediunidade que desconhecia. Estaria enlouquecendo? Sabia, porém, que tinha um anjo protetor, sabia que Deus era Pai, mas achava que Jesus estava mais próximo para ouvi-la em suas orações. Temia, neste momento, orar pelos desencarnados. Não desejava mais ouvir aqueles choros bem na frente de sua porta e que se perdiam pelos corredores. Não desejava ver o Espírito de uma freira, caminhando de um lado para o outro a noite toda, a lastimar-se que aquela clausura lhe pertencia. Sentia não estar sozinha à noite e que o mal estava muito próximo a ela, percebendo que só através da oração feita com o coração é que poderia dormir bem e descansar da labuta diária.

Por vezes, achava que talvez fosse melhor desistir de sua tarefa, voltando à casa paterna para ficar livre dos fantasmas que a assustavam.

Nesse momento, nós que estávamos vivenciando tudo, tendo como meta o auxílio fraternal àquele suicida, pedimos uma pausa aos auxiliares de nossa colônia que nos acompanhavam. Certificávamos de que vivemos, séculos e séculos, nas trevas do desconhecimento, mesmo sendo cristãos, porém, sem viver o Cristianismo e comparamos àqueles dias com os dias de hoje, depois da vinda do nosso Consolador às arenas terrenas.

Ditada pelos Espíritos Superiores, a iniciar pelo O Livro dos Espíritos, a obra de Kardec emerge para a revelação de uma Nova Era, desvendando o véu do que nos era mistério e traçando novos rumos para a espiritualidade. Ela nos foi enviada para acabar com a ignorância do ser humano que nada entendia da vida do Espírito e que em dias de terror matou tantos médiuns na inquisição e tanta maldade praticou, atrasando dessa forma a evolução espiritual do Planeta.

Sorrimos de felicidade ao nos darmos conta de que hoje nesta Era do Consolador, os homens podem abrir seus olhos a tempo de evidenciar as leis que regem nossas vidas. Leis que tanto podem trazer-nos a felicidade, como levá-la, se desafiarmos a obra do Redentor, pelos erros praticados, sendo estes, muitas vezes, trazidos das mais remotas encarnações.

Agora, nos damos conta das leis justas e divinas de Ação e Reação, cujo valor nos é transmitido na obra do Codificador e de Causa e Efeito, que nos acorda para a renúncia dos nossos maus pendores já que estamos sempre ansiosos em busca da felicidade. O cumprimento dessas leis nos transforma no homem novo, que procura vigiar seus pensamentos, agir corretamente, renunciar aos seus maus pendores, tendo como exemplo o Mestre Jesus e o Cristianismo primitivo.

Sim, abandonando por um pouco a trajetória difícil de Justino, sentimo-nos exultantes! Estávamos na Nova Era, a era do Cristianismo Redivivo, que viria libertar as almas endurecidas através do código do amor que Jesus veio trazer-nos. E, lembrando-nos disso, com os olhos lacrimejantes e o coração repleto de amor, sentimos um lampejo de vitória que unida à imensa gratidão, certificava-nos de que no mundo atual tivemos o consolo e a bênção de abrirmos os olhos para labutar nesta seara de luz. Neste Brasil, conforme a previsão daqueles Espíritos iluminados a respeito do mundo de regeneração, começava a concretizar-se o "Amai-vos uns aos outros como eu vos amei". Agora, inúmeras caravanas de almas encarnadas continuavam a obra de nosso Mestre, o governador de nosso amado Planeta, distribuindo alimentos aos mais necessitados, curando os doentes, apagando marcas da alma e trabalhando para sofredores.

Com o sentimento à flor da pele, imaginamos ali quanto tempo e em quantas reencarnações passadas fomos ignorantes, desfilando o sofrer pela eternidade, na insuficiência do conhecimento espiritual, até que o Espiritismo surgisse e nos ensinasse que, somente renunciando aos nossos maus pendores, poderíamos ser felizes um dia. Então, oramos em união com aqueles que nos acompanhavam:

"– Senhor! Ó Deus, Pai Onipotente, o quanto Vos agradecemos por estarmos vivenciando o Consolador Prometido que nos legastes agora, e o quanto são felizes os encarnados de hoje quando não mais sofrem por sua mediunidade. O mundo acalmará suas dores através de novas esperanças, sabendo que colherão tudo aquilo que semearem, assim, reformulando suas almas, em caminho mais rápido para a evolução... Oh, tudo o que tivemos que passar antes do surgimento do Espiritismo, por causa de nossa mediunidade, hoje o mundo não precisará mais passar."

E, analisando a imensa gratidão que sentíamos por Deus, terminamos a prece, espargindo de nosso plexo solar as luzes do amor, que luziam em flocos azulados e, que se unindo aos brilhantes lampejos de nossa fronte, foram endereçados a todos os sofredores, através da lição mais importante de nosso Mestre Jesus: "Amai-vos uns aos outros como eu vos amei".

Saindo da pequena pausa para uma prece, vimos Isolda que continuava pensativa e sentada em seu leito simples. O que faria? Em quem confiaria?

Foi então que ela se lembrou do frei amigo, já de volta ao Rio de Janeiro, pois ele era muito aberto para tratar dos assuntos pessoais daquelas que considerava como filhas.

Foi nesse momento que a noviça recebeu uma carta de seu pai pedindo que ela voltasse por uns dias antes de realizar os votos cristãos. Feliz, como se aquilo fosse mesmo um chamado espiritual, Isolda mostrou a carta à prioresa, pedindo aquela licença também com a finalidade de fazer sua última visita ao Rio de Janeiro. Certificar-se-ia se essa era, realmente, sua vocação e a vontade de seu progenitor, antes de fazer os seus votos.

Partindo com a irmã Otília, uma freira francesa que mal e mal falava o português, viajaram de carruagem fechada até o Rio de Janeiro, sem trocarem uma só palavra. Estelita, que já a esperava, recebeu-a com alegria, colocando a freira em outra ala da casa, que fosse o mais distante possível das duas irmãs. E, naquela primeira noite, desfilou para Isolda uma série de vestidos que ganhara de seu pai e que tinham vindo de Paris.

Os olhinhos da irmã brilhavam tanto, que Isolda comentou:

– Olha só, mana, como te inflamas por causa destes vestidos. Vejo em teus olhos que estás com certa pontinha de... Será ciúme, inveja?

– Tenho saudade de nossa vida de anfitriãs aqui nesta cidade, quando mamãe nos colocava aqueles belos vestidos brancos de linho, vindos de Portugal. Mas tu foste a mais abençoada por esse prazer, porque, para mim, isso já não é satisfatório. E mudando de assunto, minha irmã. Vim ao Rio de Janeiro com a disposição e a intenção de rever frei Antônio.

– É? Pois eu já imaginava que irias arrepender-te de ficar enclausurada em um convento.

– Como se pode estar arrependida estando mais próxima a Jesus?

– Não sei, não, mas a impressão que tenho é que vais deixar essa roupa rústica e sem charme. Credo, minha irmã, como podes ficar com estes trajes? - perguntou Estelita, colocando as mãos no manto cinza claro de Isolda e fazendo uma careta de nojo - Onde está a beleza disto? Onde a elegância?

- Não devemos chamar a atenção para nossas formas, minha irmã.

- Pelo menos, experimente um destes vestidos. Olha aqui este vestido creme em seda e cetim, com muitas rendas. Vais adorá-lo.

Ante a fascinação da futura Clarissa, Estelita começou a despir os rústicos trajes de Isolda, para auxiliá-la a completar sua performance, através de novo visual. Isolda soltara a negra cabeleira sedosa que desandou sobre os ombros, caindo-lhe no regaço. Estelita, extasiada, pois há muito não via sua irmã daquela forma, chegou a sentar-se:

- Isolda! Como perderás toda essa beleza envolvendo-te com estes feios trajes! Vem, olha-te neste espelho!

Estelita a trouxe próxima ao espelho, diante do qual podia se notar os olhos estupefatos da jovem que jamais, depois de estar no convento, pusera-se a admirar-se.

- Veja, estás esplêndida! Sei que no convento

não há espelhos e sei também, minha irmã, que poderás ter o homem que desejares aqui nesta cidade!

A noviça, muito pura, corou e começou a retirar o vestido, mas Estelita, segurando seus braços, disse-lhe:

- Não, por favor, somente hoje. Daremos uma ceia para algumas pessoas da sociedade em homenagem ao meu aniversário. Deixa esse vestido, que ficou tão bem em ti. Agora, vamos arrumar seus cabelos. Nosso pai ficará alegre em ver-te assim. Ao menos por hoje, por favor.

- Diante de tanta insistência, digo-te que está bem. Farei tua vontade, Estelita, mas somente hoje.

Estelita a abraçou e dando-lhe as mãos, fez com que ela rodopiasse pelo dormitório, cantado, feliz:

- Obrigada, obrigada, larali, laralá...

No salão da residência, muitas senhoras chegavam, trajando belas vestimentas com pedrarias, sedas e bordados, copiando à moda de Versailles.

Isolda se acanhava no quarto, já pronta, mas não desejando descer. Estelita chegou com o ruído das saias longas, rindo e faceira.

– Descemos? Papai nos aguarda.

– Não tenho coragem, minha irmã. Tenho receio de cair da escada com essa volumosa saia de seda que faz ruídos quando me movimento – retrucou a noviça.

– Isso nos faz sermos apreciadas! Terás que vir.

– O que dirá irmã Otília?

– Ora, ela dorme como um anjo. Vamos! – argumentou Estelita que, sem desejar ouvir a resposta, apanhou-a pela mão e desceu cautelosamente a escadaria, de mãos dadas com a irmã.

A festa estava no auge. Dom Fernando, satisfeito, chamava a atenção para as lindas filhas que seriam apresentadas para a sociedade. Isolda sorria, timidamente, com desejo de correr para o quarto e trancar-se lá. Um jovem, bebericando um refresco, olhava-a, sem tirar-lhe os olhos. A noviça, depois de cumprimentar a todos na festa, isolou-se no pequeno jardim para fugir do público alvissareiro, sentando-se em um banco. Olhava o céu estrelado, relembrando sua vida na infância e a felicidade que tivera na fazenda quando chegou ao seu lado o jovem que a admirava minutos antes.

– Boa noite, minha jovem.

– Boa noite.

– Posso sentar-me ao vosso lado?

– Como não?

– Pois eu estava a imaginar de que céu vós poderíeis ter vindo, quando notei que vos distanciastes para cá, neste luar tão belo.

Isolda sorriu e nada comentou. Baixou a cabeça somente, ao que o português continuou:

– Não tenhais medo de minha pessoa, senhorita, que indócil correu em vosso encalço. Senti-me afeiçoado desde o primeiro instante em que vos vi.

Isolda se levantou e ia entrar na residência, quando ele lhe apanhou a mão, dizendo:

– Mas não vades assim, por favor, eu sou indisciplinado mesmo e peço escusas à vossa gentil pessoa.

A noviça se sentou novamente, e ele começou a contar sobre sua vida: que era recém-chegado ao Rio de Janeiro e que desejaria, ardentemente, conversar com ela sobre coisas que tinham acontecido com ele ainda em Portugal.

– Pois sinto, senhorita, que sois ligada a coisas sobrenaturais.

Isolda levou um susto e se indagou:

"Como?" - pensou - "Como ele soubera que ela via Espíritos?"

Continuando, agora mais íntimo no linguajar, ele comentou:

- Perdoai-me novamente distinta menina, mas sabeis por que eu estou assim tão afoito?

Nada respondeu Isolda.

- Pois, por incrível que pareça, sonhei com a senhorita há exatos três dias atrás.

Vendo a interrogação nos olhos de Isolda, continuou:

- Bem, não precisais me temer, bela senhorita, mas se isso vos fere, não posso retirar o que vos contei, pois é a mais pura verdade. Por esse motivo não vos tirava os olhos. Mas vejo que vos estou cansando e, então, retiro-me. Quereis que eu faça isso?

Isolda, ainda calada, sacudiu a cabeça negativamente.

- Ora, bravos! Não é que a pequena se dispõe a falar comigo, ou melhor, a ouvir-me?

- Senhor, é melhor que eu me retire. Quero vos dizer com isso que sou uma noviça, isto é, que irei fazer os votos para ser uma Clarissa.

– Isso não poderá acontecer, porque casareis comigo. Vi isso em meu sonho. Chamo-me Alberto.

– Imagino que sois um aventureiro, isso sim! – exclamou, erguendo-se.

E Isolda se retirou diante da estupefação do jovem e sem mais voltar-lhe os olhos, dizendo a si mesma que o rapaz era, sim, um sedutor, e entrou em casa, indo deitar-se. Mas não conseguia sequer relaxar. Assim, quando a festa acabou, às dez horas da noite, foi até o dormitório de Estelita.

– Minha irmã...

– Eu te vi lá fora, Isolda, e vejo que já tens um afeiçoado pretendente. Mas por que não ficaste na festa? Papai reclamou. Ele ficou extasiado quando te viu tão bela. Que boba foste!

Sem prestar atenção sobre o que Estelita comentara sobre a festa e sobre seu pai, Isolda lhe perguntou:

– Mas... Viste-me acompanhada mesmo? Quem era aquele rapaz?

– Chegou de Portugal há alguns dias, e papai o convidou, pois queria apresentá-lo a mim, mas vi que ele escolheu outra. – respondeu, sorrindo, Estelita.

O coração de Isolda batia descompassado. Como fora envolver-se com a conversa dele? Por quê?

– Ora, minha irmã, não fiques assim. Sei que irás voltar para o claustro ainda esta semana... Tudo bem, mas uma coisa eu sinto: ele ficará muito decepcionado. Vi sua fisionomia quando o deixaste desacompanhado no jardim. E ele é tão bonito, não é? – comentou, maliciosamente.

– Cala-te! Vou dormir. Não quero ouvir mais nada. Boa noite.

– Boa noite, irmãzinha. Pelo que vejo, estás com o coração ardido. – falou Estelita, risonha, troçando.

Isolda sabia que a irmã estava com a razão, pois não parava de pensar no jovem português.

Rodeado de sombras, destilando toda revolta contra quem o desprezou, desejando matá-los, Justino, desconhecedor que era das leis que regem a moral cristã, percorria muitos locais para encontrar-se com Jamboleão e o almirante a fim de executar sua vingança.

Achou-os em sua antiga casa, mas quando chegava bem próximo a eles não conseguia tocá-los. Aliás, em sua mão nada se firmava. Desesperou-se. Foi nesse momento, que Jamboleão e seu comparsa, ex-companheiros de Justino em suas absurdas maldades, já com certa idade, sentiram tremendo frio percorrer-lhes a carne.

– Percebeste isso, Jamboleão? Sentiste o que eu senti? – perguntou o mestiço com os olhos quase saindo das órbitas e olhando para o companheiro que, com rapidez extrema, respondeu:

– Vamos doar estes pertences de Justino. Não nos fazem bem. E, para falar a verdade, eu prefiro mesmo mudar desta casa. Não quero mais o que é dele. Sinto que sua malfadada alma está aqui para assombrar-nos. Credo, cruzes!

– Jamboleão, achas que a alma dele está por aqui?

– Ora, não sinto nada de agradável quando penso nele, como agora. As almas estão onde deveriam estar, a-pa-ga-das – disse, soletrando. – Morreu, acabou-se!

Ante essa última palavra, os dois ouviram um riso estridente.

– Quem riu desse jeito, Jamboleão?

– Foi você! Está desejando aliviar seu medo, inventando este ruído endiabrado!

– Não, não fui eu!

Ali, atraído pela mente dos dois capangas, Justino viu que estava onde realmente queria estar e nem fora preciso procurá-los pela cidade. Estava divertindo-se muito como "alma de outro mundo".

Naquele momento, certificando-se de que não tinha mais vida na carne e sabendo-se invisível, começou a agir com brincadeiras desse tipo com toda pessoa que encontrava em sua frente.

Todo aquele que ora, que se liga a Deus e age com cuidado para não ferir o seu próximo, de acordo com sua consciência, está protegido pelos Espíritos superiores.

Justino não conseguia alcançar Dom Fernando, talvez pelas orações de Isolda. Ele não se aproximara mais da noviça, porque quando ela orava, ele sentia como que uma grade em sua frente, um muro de vibrações contrárias, uma fortaleza intransponível. Somente aqueles que praticavam a prece e que se resguardavam com a conduta moral é que ficavam isolados, como se existisse uma redoma inquebrantável à sua volta. Com as orações, atraíam os protetores espirituais, seus anjos da guarda. Então, esta era a maior barreira para o antigo sargento.

Deu-se conta de que tudo ocorre por uma questão de afinidades, influências e vibrações.

Semanas antes, sabendo já como se comportavam os encarnados com sua presença, uns com mais mediunidade, outros com menos, Justino fora procurar Isolda no convento quando a viu sair com a freira francesa. Seguiu-a com a finalidade de chegar a Dom Fernando. Não podia esquecer que o pai da jovem lhe rogara uma praga, à qual se achava amarrado e que juntamente com Jamboleão e seu comparsa, causara-lhe a queda do cavalo. Cada vez que saía dos locais onde procurava vingança era sugado para as trevas e o culpado disso, achava ser o almirante. Mas para chegar ao pai necessitava da filha. Procurou, então, induzir Isolda a desistir do convento e também da caridade que faria para com as crianças e, então, a perder-se de amor, aproveitando aquele átimo de isenção ao hábito do claustro, enquanto, ainda no jardim, conversava com o médico português.

O dia amanheceu claro e quente, e Isolda, mesmo tendo dormido somente pela manhã, acordou feliz. Por que estava tão feliz se logo voltaria para o claustro? Mas logo compreendeu que: sua meta era ser uma freira dedicada à religião, apesar de saber que iria permanecer fechada a sete chaves naquele lugar. Renunciaria ao pai, à irmã, e não mais pensaria no belo português que a fizera perder o sono durante quase toda a noite. Levaria em sua mente a imagem do homem que a encantara com seus dotes de elegância, caráter e altivez.

Levantou-se, afagando os cabelos, olhando-se no espelho e lembrando-se da noite anterior. Vestiu-se com o traje elegante que recebera do pai, como rica donzela, e apanhou nos braços um manto escuro, para procurar frei Antônio na igreja central da cidade. Ao descer as escadarias, passou pela irmã e pelo pai, dando-lhes bom dia e perguntando por sua acompanhante, irmã Otília.

– Irmã Otília está descendo. Então? Esconderás esse belo traje no manto escuro que levas nos braços? Isso é para que não vejam tua beleza e elegância? – inquiriu-a a irmã, com sorriso malicioso.

– Estás muito linda, minha filha. Para que o manto?

– Vou visitar frei Antônio e penso que seja melhor abster-me dos pecados do mundo. Não desejo chamar a atenção.

- Frei Antônio? Convida-o para jantar conosco daqui a dois dias - pediu-lhe o pai.

- Mas, então, porque aceitaste os belos trajes que nosso pai comprou para ti?

- Ora... Onde está a irmã Otília? - perguntou Isolda, desviando a conversa.

- Estou aqui - falou a freira, entrando naquele ambiente e olhando-a com desdém, enquanto ela colocava o manto preto sobre a roupa de passeio.

Saíram, seguindo até a frente do Palácio do Imperador e entraram na igreja.

Frei Antônio orava com todo fervor de sua alma, estando ajoelhado no degrau defronte do altar central. Pedia pelo Brasil, para que a política fosse mais tranquila, para que não houvesse mais batalhas em busca do poder e também pelas filhas de Lucinda que tão boa fora para ele e que tivera tão pesado destino.

Isolda, ao chegar, pediu para a freira Otília aguardá-la na nave lateral a fim de que pudesse conversar sozinha com o frei amigo.

Assim aconteceu, porque por mais que a freira

francesa quisesse ouvir o que Isolda e ele conversavam, pouco obteve. Lembrava-se de que fora para o Rio de Janeiro exatamente para cuidar da noviça e, até aquele momento, a não ser ali na Igreja do Carmo, ainda não conseguira fazer isso. A jovem estava diferente, caprichosa e muito vaidosa. Vivia olhando-se nos espelhos da residência. Não soube o que aconteceu na noite anterior durante a festa, porque foi "dormir com as galinhas", bem cedinho. Isolda teria feito o mesmo? Não sabia, pois nada lhe contara na manhã seguinte. Lembrava que a prioresa lhe havia dito: "Não descuidas de nossa noviça. Qualquer descuido poderá ser fatal para ela, com a Ordem das Clarissas". E ela lhe respondera: "Não te preocupes prioresa, não desgrudarei nem um minuto de nossa noviça".

Agora, estava afastada dela, ouvindo apenas só os seus sussurros com o frei.

Isolda lhe confessava:

– Frei Antônio, no princípio, quando no convento, nada me inquietava...

– Que bom, minha filha, então, eu realmente acertei.

– Mas, agora, estou muito preocupada, pois acontece que...

– Acontece...? – indagou o frei, angustiado. – O que te aconteceu pombinha? Ainda és uma pombinha branca e pura desde que a coloquei lá, não?

– Bem... Estou muito preocupada. Levei, até este momento, uma vida disciplinada, mas aconteceu algo que me faz temer.

– Conta-me logo o que realmente te aconteceu, filha! – pediu-lhe, cheio de ternura e com olhos de avô.

Sim, conhecera as crianças, ainda bebês, e agora estava a jovem ali, já uma mulher bela, a aconselhar-se com ele que, de cabelos nevados e pele enrugada, parecia mesmo seu vovô.

– Por favor, frei, o senhor confia em mim?

– E porque não iria confiar, afinal, será uma freira, não é?

– Bem... Isso é outra coisa que lhe falarei mais tarde, mas hoje não.

– Minha menina, mas o que é que estás aprontando?

– Não se preocupe, frei Antônio. Falaremos disso daqui a dois dias quando o senhor for jantar em nossa casa. Papai me pediu para convidá-lo quando falei que viria visitá-lo.

– Continue... – pediu-lhe ansioso – Sim, mas antes que perguntes, jantarei sim em casa de teu pai. Mas me fale agora o que sentes.

– Bem... Continuando, eu quero dizer-te, frei, que ouço vozes e vejo Espíritos.

Com os olhos muito abertos, frei Antônio se mexeu na poltrona em que estava sentado e disse:

– O quê? Vê Espíritos?

– Não fale alto, por favor. Irmã Otília poderá ouvir-nos!

A freira, na lateral, olhou fixamente para Isolda, baixando a cabeça e franzindo a testa.

– Frei, se ela ouviu estarei perdida!

– Mas como isso foi acontecer, minha filha? Isso é coisa do demônio! Não estás rezando o rosário, todos os dias, pela manhã e à noite? Não estás assistindo a missa todos os dias? O que andas fazendo? Estás saindo da linha? Pensando em coisas más?

– Frei, eu vim até o Rio de Janeiro para falar com o senhor. Por favor, acha-me louca?

– Lo... Louca? Não, isso não! Mas, se vês fantasmas, deves estar ligando-te ao mal.

– Frei, o que posso fazer para afastar Justino de meu pai?

– Mas ele já está morto, minha filha.

– É a alma dele que quero afastar. Ele está muito escuro e nas sombras.

– Quem faz a caridade não tem esse problema. Quem vive para os outros nem tem tempo para pensar nisso. Sei disso pelo trabalho que tenho. Chego tão cansado para dormir que nem sonho.

– Caridade... Sim, deve ser isso. Naqueles dias, estava pensando somente em Estelita, que ela iria se casar e eu não, e o quanto poderia ser bom ter um esposo. Naqueles dias, eu não estava fazendo nada de bom, só colocando bobagens de adolescente na cabeça. Sabes? Por vezes, arrependo-me por dedicar-me somente a Deus.

– Cuidado. Se já prometeste dedicar-te somente a Deus, os diabinhos podem levar-te para o outro lado. Faze a caridade e pensa somente em coisas do bem. Faze muitas preces saídas do coração.

– Esse é o seu conselho?

– Sim, e, por favor, se começar a ver Espíritos novamente, avise-me que vou ter que te exorcizar Está bem?

– Não mais acontecerá, frei querido.

Depois de beijar-lhe as mãos, Isolda saiu bem mais satisfeita, no entanto, não quis lhe falar sobre Alberto, o português e, chamando a freira Otília, voltaram para casa.

– Então, estás vendo Espíritos? – inquiriu a freira Otília, esforçando-se com o português, com muito sotaque francês, e olhando-a de atravessado – Olha a loucura... Quer ser queimada viva?

– Irmã Otília, o tempo da inquisição já passou. A senhora disse Espíritos? O que pensa que sou? A senhora ouviu mal, pois ele não disse Espíritos, mas sim, aflitos. Referia-me a um pobre homem da rua. Seu português está muito ruim, irmã.

A freira Otília nada entendeu e resolveu calar-se.

Isolda estava assumindo um lado obscuro e enganador com a dissimulação. Isso acarretaria um mal para ela, porque a invigilância abrirá uma brecha para a entrada de coisas negativas em sua vida.

Nos dias que transcorreram, Otília passou todo o tempo reclamando para Estelita, que era conhecedora da língua francesa. Pedia para ela que convencesse Isolda a voltar logo para o convento.

– Sua irmã está desviando-se do caminho, eu sinto isso. Diga-lhe que precisamos voltar. A prioresa ficará uma verdadeira fera comigo se não levá-la de volta ao convento dentro de dois dias. Estelita, tua irmã te disse que está vendo Espíritos? Sim ou não?

– Que nada. Quem disse que ela vê Espíritos? Isso não é verdade! E não fique preocupada, irmã, ela logo voltará para São Paulo. – respondeu Estelita, rindo-se do jeito da freira.

– Mas se ela estiver vendo almas do outro mundo, terá que se curar no Convento, e já estamos há quatro dias aqui. Seu pai já resolveu se ela pode voltar?

Estelita, desejando que Isolda ficasse por mais tempo, ou fazia que não entendia, ou dizia que sua irmã estava sendo obrigada pelo pai a permanecer por mais duas semanas.

Alberto, o português, tanto andou lá pela casa de Dom Fernando a convite deste, com suas segundas intenções, que acabou por firmar os laços com Isolda, deixando-a completamente apaixonada. No princípio, ela se escondia, depois, enfeitava-se para ele, tornava-se mais bela, soltando a vasta cabeleira crespa e negra sobre os ombros e colocando lindos vestidos rendados. O jovem médico a conquistara, fazendo-a amá-lo.

E a freira novamente procurou Estelita, e esta lhe respondeu:

– Ora, irmã Otília, a senhora deveria voltar para o convento, deixando Isolda segui-la mais tarde, porque papai não teve tempo para se decidir sobre ela.

E disse isso, sorrindo e assumindo uma mentira gostosa, pois sabia que Isolda ficava a conversar todas as tardes com o português e não queria mais voltar para o convento e muito menos fazer as orações que frei Antônio lhe aconselhara.

A noviça se afastava lentamente das preces, animada pelas mudanças em sua vida, lendo e relendo a Bíblia, sem nela prestar atenção e nem dirigir o pensamento ao Alto. Isso porque divisava em seu futuro um novo e iluminado mundo de beleza e festas. Vivia um verdadeiro conto de fadas que jamais imaginara existir depois de todos aqueles anos de reclusão no claustro. Enfeitava-se como Estelita, ficando a admirar-se nos espelhos da residência, com suas roupas, seu porte esbelto e os adereços que recebia do pai. Respirava feliz frente à janela, inalando a brisa que vinha do mar como bálsamo para sua alma pura e descia correndo as escadarias para o café da manhã, cujo assunto com a irmã era sempre sobre Alberto.

Amava os passeios em carruagem aberta pelas ruas da cidade, frente à Estelita e de mãos dadas sorrateiramente com o português, observando aquele lugar que crescia dia a dia. Mas foi seu primeiro beijo que causou a explosão maior em sua determinação: não desejava mais ser uma freira.

Uma noite, antes de um sarau na casa de Dom Fernando, quando este, frente à freira, estava combinando com ela o retorno de sua filha para o convento, apareceu em sua casa o jovem médico, com o argumento de que estava lá, naquele momento, para resolver um importante assunto.

– Pois, pois? Tem o senhor um assunto importante para comigo? Não seria algo que envolve Estelita, meu jovem rapaz? Bem que eu desejei isso desde o princípio.

– Quero, sim, pedir a mão de uma de suas filhas, senhor.

– Estelita, não é?

– Não, desta vez o senhor está enganado. O assunto é com sua filha Isolda.

Dom Fernando começou a rir, levantando sua cabeça ao alto e não parando de rir.

– Mas essa já está quase casada com Deus, meu jovem!

– Não foi o que ela me disse.

– Como?

– Ela me aceita, senhor...

– Oh! Mas essa surpresa é dupla!

A freira que estava ali com sua maletinha para ir embora, virou-se para perguntar ao médico por que Dom Fernando estava rindo.

O jovem, encantado, somente respondeu:

– Je sui prisonnière de l'amour...

– Pardon, monsieur. Pour Estelite?

– Non, non, ma mère, pour Isolda, qui j'adore!

A freira tonteou e caiu estirada ao chão.

Assim, tudo se modificou. Estelita, que assustava os jovens com seus rompantes de alegria, continuaria solteira por mais tempo, enquanto Isolda, a recatada, logo casaria.

Justino, juntamente com um grupo de desordeiros, aguardava a hora oportuna para agir ali, naquela família, enquanto se alegrava em deixar pessoas neuróticas e medrosas, pois os médiuns que o ouviam, que o enxergavam e que eram chamados de loucos, naquela época, quase sempre iam parar nas casas de saúde para esquizofrênicos. Não se aproximava mais de Isolda pela leitura que ela fazia da Bíblia, pois não desejava ouvir seus ensinamentos.

– Temos que agir de outra forma – dizia ele a um de seus comparsas. – De Jamboleão já tomamos conta e de seu companheiro inseparável também. Não sei se vão se livrar do que lhes preparamos, por nos deixarem um grande "canal" de comunicação, contudo, parece-me que a casa de Dom Fernando é duplamente protegida e não sei dizer o porquê disso.

Esse fato, desconhecido para Justino, era porque as orações de frei Antônio também envolviam a vida de todos os habitantes daquela moradia.

O amigo das trevas pensou, pensou e disse a Justino:

– Precisamos descobrir as forças que nos impedem para obtermos a infiltração necessária.

– Isolda é a culpada! É ela, sim, quem se liga à oração – confirmou Justino. – Precisamos afastá-la daquela casa, retirá-la de lá. E o frei, agora, faz ainda mais orações para ela.

Foi assim que o antigo sargento, com as sombras pesadas que lhe tomavam conta cada vez mais, atraía para si uma maior quantidade de auxiliares, agregando ao seu lado uma verdadeira organização de malfeitores, atuantes desde muito no umbral e dispostos a agirem em favor do que chamariam "vingança". Só que nada o deixava satisfeito. Deveria fazer mais, cada vez mais, para receber o que tinha em mente: sua satisfação íntima. Isso era como uma bebida que não o deixava relaxado. Essa era a sensação do malfeitor que afastara, há muito, os auxiliares do Plano maior, seus protetores para longe de si, em vez de aguardar o possível retorno à realidade da vida. A realidade da existência de Deus, da sabedoria divina, da essência, do saber e da bondade infinita auxiliam os Espíritos, através de suas leis em que ninguém sai ileso ao aprendizado, porque o objetivo do Espírito é sempre a evolução.

Até aquele momento, estávamos sabendo que Justino, não podendo alcançar o pai das jovens para vingar-se, convencera-se de que deveria alcançar suas próprias filhas, começando a afastar Isolda das orações e instigando Estelita a trair sua própria irmã.

No jardim, às escuras, entre a grama e o céu nublado, as formas se arrastavam pesadas pelo chão, a espreitar com vigilância a casa de Dom Fernando, principalmente a vida daquela que prometera, quando encarnada, viver em celibato, dedicando-se somente a Deus e ao seu próximo. Sem vigiar seus pensamentos, a jovem Isolda, extasiada, imaginava viver em belas casas e jardins de belezas sem fim, uma vida que jamais imaginara viver. Estava apaixonada e, naquele momento, seu coração tinha somente um morador: Alberto; e ela se entregaria ao amor, em breve, em união sacramental. O fato de agora estar visitando casas de roupas de rendas francesas, de sedas importadas, de belos chapéus e tudo mais o que faz uma jovem elegante, não a permitia pensar em mais nada, a não ser no luxo e na ilusão da vida passageira.

Alberto era um elegante gentleman, no entanto, apesar de ser muito culto e romântico com as mulheres, carregava consigo grande ânsia pelo jogo e por outros vícios incontroláveis que seus amigos ainda desconheciam. Vindo de além-mar, como poderiam saber mais dele do que aquilo que apresentara para aquele senhor de família?

– Muito honrado estou, jovem Alberto, por brevemente fazeres parte de minha família – disse-lhe Dom Fernando, com alegria no olhar. – Como vê –

continuou, quase articulando palavra por palavra –, sou um pai muito preocupado com minhas filhas.

Depois, falando normalmente:

– Sabes que elas perderam a mãe muito cedo e, eu, confiando na mulher que amei mais tarde, deixei minhas filhas aos cuidados de uma tia e de uma negra escrava, que foram muito boas para elas. Foram criadas com tudo, a não ser... Bem, não preciso comentar isso. – Ia dizer: a não ser quando, com Isolina, quase passaram necessidades, mas rematou: – E, por esse motivo, quero deixá-las bem casadas.

Alberto ria-se, pois conseguiria tudo o que desejava do homem: casar-se com a filha, administrando o que o velho deixaria de herança para as duas e, logo que ele partisse para o além, tomaria conta de todos os negócios da família. Certamente, o que ele perderia no jogo, pois isso sempre acontecia, não o deixaria "a ver navios", com pouco dinheiro no bolso. Quanto à Medicina, não era um médico dedicado. Relapso e sedutor fazia das suas, contraindo alguns inimigos.

Isolda, completamente envolvida pelas juras de amor e carinhosas palavras de Alberto, esquecera-se de todas as coisas que havia aprendido no convento e, assim, que a irmã Otília, extremamente sem paciência, deixou aquela casa sem ao menos despedir-se de ninguém, a jovem deu de ombros, pensando: "Que tudo o que eu havia desejado antes, voe para bem longe, como aquelas folhas que o vento, com a ventania da tarde, carrega".

Seu compromisso espiritual ficaria para mais tarde.

Nós, ansiosos, assistindo o desenrolar daquelas vidas, nada podíamos fazer. Poderíamos dizer a Isolda se estivéssemos lá: "Veja bem, minha irmã, o que estás fazendo, mal conheces o rapaz, e teu pai pode estar enganado quanto a ele". Poderíamos aconselhá-la, estimulá-la a orar e a pedir ao Pai Celestial uma orientação. Quem sabe aí ela tentaria voltar ao Convento somente para despedir-se de sóror Natalie e, revendo aquele lugar sagrado, receber eflúvios de espiritualidade para que seu coração "pensasse" melhor, lembrando-se do compromisso ao qual sua consciência a acusava, de estar falhando. Mas sabíamos do amor de Deus por nós, cientes de que ninguém é esquecido. Com toda a certeza, os amigos espirituais, naquela época, não a deixaram sem resposta, enviando-lhe sinais de alerta que ela não conseguiu discernir. Sim, Isolda se deixara influenciar pelos pensamentos de toda jovem: a mulher que namora e que deseja constituir família. E quem seríamos nós para recriminá-la, nós que tanto custamos a abrir os olhos em reencarnações anteriores? Ela, na verdade, não falhou, somente quis seguir o seu coração.

Olhamos com saudade para nosso abençoado Rio de Janeiro, Estado este que nos viu crescer anos mais tarde, que nos mostrou sua bela natureza, que nos embalou com a mediunidade de auxílio ao ser humano, permitindo-nos cumprir com o que havíamos prometido a nós mesmos antes de reencarnarmos.

Sim, sabíamos que Isolda fora aconselhada por seus protetores a colocar os pensamentos e as emoções em equilíbrio, pedindo conselhos ao frei Antônio. No entanto, naquela época, de acordo com a Bíblia, não se podia falar com os mortos, e, vista pelo ser humano, a mediunidade era coisa de demônios. Ver e ouvir Espíritos fazia todos temerem e, quem sabe, não fora realmente o medo da mediunidade que fizera Isolda abandonar o seu caminho espiritual?

Por isso, pedimos perdão a Deus pelos pensamentos que tivemos e baixamos a cabeça, lembrando ser hora da Ave-Maria.

Notando as luzes das vibrações que em movimento elevavam-se ao Alto, espalhando no ar o perfume da prece, vimos, com lágrimas nos olhos, os que oravam naquela hora e a cidade que tanto amávamos, onde havíamos deixado muitos amigos. Então, também oramos, erguendo os olhos às alturas, preocupados com o que veríamos adiante, pedindo a Deus que nos desse força para seguir, pois ali não estávamos como auxiliares de vidas ou conselheiros, mas como um entre tantos samaritanos dos lugares escuros, lutando para retirar das trevas um pobre sofredor.

Isolda, agora, nem se lembrava mais das orações. Aquilo fora para ela como um tempo que passara. Frei Antônio, reconhecendo que Alberto não era o que aparentava ser, tentava alertá-la, mas a irmã de Estelita procurava sempre uma desculpa para fugir a esse encontro. Os dias passavam e, com isso, chegara o tempo da união do casal.

Estelita se encontrava invigilante ao tipo de armadilha sussurrada por Justino, insuflando-lhe a ideia de que precisava afastar Isolda das orações, foi envolvida por pensamentos das sombras quando começou a sentir inveja da irmã. Isolda casaria, e ela ficaria solteirona? Relacionava o fato como se fosse um casamento por interesse da parte dele, isto é, desacreditava do amor do médico por sua irmã. Analisava a atenção dele a ela. Ponderava na maneira com que o cunhado a acariciava, sempre na presença do pai, para dizer-lhe juras de amor. Achava a irmã sem jeito para receber em casamento aquela bela figura masculina e, desta forma, aderindo aos apelos insistentes do suicida, convenceu-se de que ela própria seria a pessoa ideal para o português.

No instante em que as primeiras ligações mentais foram sendo lançadas pelo seu pensamento de traição, fez-se a conexão com Justino e seus aliados entes da sombra, que carregavam o peso de emoções indevidas e total ausência de amor. Mas Estelita imaginava ser, essa atração incontrolável, somente o fruto de seu grande e explosivo amor por Alberto, que precisava, sim, concretizar-se. Então, aguardou o céu escurecer para descer as escadas e estar com a escrava que escolhera e que lhe fazia companhia. Procurou-a em seu pequeno dormitório na parte da casa reservada aos escravos.

– Astrude, Astrude – chamou, sacudindo-a.

A negra se ergueu de ímpeto, assustada que ficara desde os tempos de sua escravidão, quando de tal forma fora acordada pelo capitão da senzala e arrebatada dos braços de sua mãe.

– Que susto! O que aconteceu, sinhazinha? – inquiriu-a com olhos muito abertos e o coração aos pulos, como se algo muito grave estivesse acontecendo.

– Ora, não precisas te assustar assim. Venho pedir-te algumas ideias. Desejo saber como conquistar um homem por quem estou perdidamente apaixonada. Sei que és altamente conhecedora de todas as formas de amor e quero, ainda hoje, obter teu segredo.

Estelita estava bem decidida em tirar Isolda do seu caminho. Quando queria uma coisa ia até o fim e, ao ouvir em sua mente as ideias de Justino: "Ele te ama, Estelita. Não percebes como ele te deseja? Tu és ardente, jovial e bela. Isolda não lhe diz nada"..., decidira tomar essa atitude.

Astrude, meio sem jeito, mas não querendo aborrecer a patroa que lhe prometera os belos brincos de pedra vermelha que sempre elogiara, achou melhor ensinar-lhe os truques da sedução.

Alberto, por sua vez, sentira os olhares calorosos de Estelita e era também influenciado pelo antigo sargento, que não se dava conta de quantas dívidas armazenava, voltado somente à vingança.

De qualquer forma, o casamento foi consumado com muita pompa.

Não obstante, chegou o dia em que as duas almas, desconhecedoras do que lhes sucederia tempos adiante, começaram a encontrar-se e a formar um vínculo fortemente aprisionado à imoralidade. Alberto se modificara totalmente com Isolda. Morando na mesma casa com a família de Dom Fernando, ele começou a encontrar-se com Estelita em feios e longínquos albergues existentes na cidade.

Capítulo 11

# Frei Antônio na casa de Isolda

Na igreja, frei Antônio caminhava de um lado para o outro muito intuitivo em relação à Isolda. Havia sido sugestionado pelos seus protetores que o aconselharam a procurá-la. E pensava, aflito:

"O que será que está acontecendo com Isolda? Abandonou a Igreja completamente, não mais a vi em lugar nenhum... Sonhei com ela por duas noites seguidas, vendo-a a pedir-me socorro. Mas se ela está necessitada de alguma coisa, porque Dom Fernando não me comunica? Ah, lembrei-me de que ele tem certa ojeriza pela igreja. Vou ter que dar uma chegada lá para ver Isolda, se não, enlouqueço".

Foi assim que, no dia seguinte, o frei se encaminhou para a residência no centro da cidade para conversar com a antiga noviça.

Dom Fernando havia saído de casa, e Estelita se encontrava com Alberto em outro local. Frei Antônio tocou a campainha, e uma das escravas foi abrir-lhe a porta.

– Bom dia, a senhora Isolda se encontra? – perguntou ele, desconhecendo a nova auxiliar da casa.

– O senhor é frei Antônio? Por favor, entre, eu irei avisá-la. Pode aguardar por aqui.

Ele entrou na sala de estar e caminhou de um lado a outro até experimentar uma cadeira, muito confortável, onde se sentou até que Isolda descesse.

Após alguns minutos, ela desceu a escada, branca como um fantasma. Seus cabelos em desalinho, sua vestimenta amassada como se dormisse com ela há vários dias, mostravam uma mulher em desespero, iniciando uma obsessão.

– Bom dia, frei Antônio. O que o traz aqui?

– Bom dia, minha jovem. Como estás? – perguntou levantando-se.

– Bem...

– Não muito bem, não é?

– Ora, por que dizes isso? – perguntou, dando-lhe as costas para que ele não a analisasse de perto.

– Ora, menina Isolda, não precisas dissimular para mim.

– Quem te disse que eu estaria mentindo? – respondeu-lhe ainda sem olhar em seus olhos.

– Minha menina... Conheço-te desde que nasceste – disse o frei. Fui avisado de que precisas de mim.

– Avisado? Quem faria isso?

– Jesus faria. Ele se importa com todos nós. Sonhei que estavas pedindo por socorro.

Isolda pousou nele os olhos úmidos e lhe mostrou a face sofrida. Começou a derramar lágrimas que, desejando controlar, não conseguia.

– Vamos, minha menina. Olha, nada acontece sem que o Pai o deseje. Vê, estamos sozinhos nesta casa, sem nenhum familiar teu. Não precisas detalhar tudo o que te acontece, mas põe para fora, reparte comigo, minha filha. Vamos ver se posso ajudar-te.

Isolda começou, então, a soluçar e desabafou:

– Frei, amigo... Eu sofro muito. Alberto não me ama mais e vejo-o olhar para minha irmã com olhos de ardente interesse. E em minha presença, frei!

– Ora, quem sabe se isso que está acontecendo não seja coisa de tua cabecinha ciumenta, minha filha? Tua irmã é alegre, vistosa, mas ela te ama e é isso que importa. Ela é do teu sangue, jamais te iria fazer mal.

– Frei, os dois desaparecem sempre na mesma hora... trocam sinais e... – desabou no choro – O que posso fazer? Estou amarrada neste casamento e, ao mesmo tempo, odiando Estelita. Tenho-lhe um ciúme doentio, vontade de tirar-lhe a vida. Vejo-a linda, perfumada e bem arrumada como se fosse a uma festa e a olhar-me de cima a baixo, comparando-me com ela. Está roubando-me o esposo. Troça das roupas que compro!

– Não deve ser o que pensas, minha filha. Olha, eu estive falando com teu pai, no mês que passou, quando o encontrei na rua. Perguntei por todos vocês, e ele me falou que pensava que deverias morar na fazenda com Alberto, para ter uma vida mais saudável.

– Papai pressente uma desgraça.

– Ora, minha filha, isso não. Ele está sendo realista. Tu estás grávida, eu vejo e, além do mais, a fazenda tem ar puro. A criança que esperas irá aproveitar bastante. Vá para a fazenda, filha.

– Talvez seja melhor para que Alberto volte a me amar como antes. Sim, eu vou pensar nisso. Talvez seja uma solução.

– Precisas ir à Igreja, filha. Estás tão afastada...

– De que adiantaria? Eu não poderia orar, frei. Estou como que envenenada, cheia de... ciúme, e de...

– E de...?

– Tenho vergonha de dizer... Eu que fui uma noviça.

– Estou aqui como teu confessor e nada direi a ninguém. Desabafa, querida.

– Tenho ódio de minha irmã, frei! Ódio! Quando ela me olha e fala como estou perdendo as formas de meu corpo e de como estou gorda e desajeitada...

– Por isso mesmo, filha. Nada melhor que a oração, pois é quando nos ligamos a Deus para afastar todos os transtornos da vida.

– Não creio nisso, não creio. Não mais orarei a Deus. O fato de estar sendo abandonada pelo homem que amo, que me enlouquece de paixão, foi por ter pensado como noviça, desejando ser uma freira. Agora penso diferente, quero viver a vida, quero amar!

– Filha... cuidado! Não deixe que as sombras tomem conta de teu coração. Em tudo deve haver equilíbrio. O amor é calmo, tranquilo, o amor é doação. Não poderás prender ninguém. Quanto mais procurares prender Alberto, mais ele fugirá de ti. Quanto mais liberdade ofereceres a ele, mais voltará para ti.

– Não conseguirei agir assim e agora peço licença, porque vou deitar-me um pouco.

– Procura erguer-te, filha, estás muito abatida. Homem nenhum aprecia o desleixo.

Isolda, que já estava subindo os primeiros degraus da escada, virou-se para ele com os olhos muito abertos e gritou:

– O senhor também?! Estás, por acaso, chamando-me de relaxada, frei?

– Nã... não... eu não desejava...

Frei Antônio, assustado, franziu a testa. Ela jamais havia falado com ele dessa forma. E ela continuou a subir a escada, deixando-o sozinho na sala.

O amigo das meninas saiu daquele lar, orando pela filha desequilibrada que ali deixara.

Quando seu esposo chegou em casa, Isolda lhe foi ao encontro, batendo nele e gritando:

– Onde estavas, Alberto? Estás traindo-me? Por que não compareces mais ao meu leito?

Olhando-a com desprezo, ele respondeu:

– Olha só para ti. Quem quer ter em seus braços uma megera?

E voltou para a porta de entrada, saindo novamente, deixando Isolda a gritar como louca pela casa, quebrando tudo o que encontrava pela frente.

Com tristeza revimos esse passado, pensando como sofrem todos os que se afastam de Deus. Se Isolda voltasse para sua fé, ela se ligaria com a espiritualidade maior e atrairia para si somente coisas positivas, mudando sua vibração e afastando toda e qualquer sombra com pensamentos de amor e caridade.

A filhinha de Isolda e Alberto nasceu com graves problemas de saúde, mas assim que se recuperou a casa se encheu novamente de risos. Isolda, em sua mente, achava que seu esposo se ligaria mais a ela depois do nascimento da filha. Dom Fernando, que agora era um exemplo de pai para todos, ria-se à toa e fez uma grande festa para que os amigos do Rio de Janeiro conhecessem sua netinha. Mas o nome da menina ainda não havia sido escolhido.

– Pensei em chamar a menina de Maria Alice, querido – comentou Isolda, ainda de quarentena.

– Maria Alice, por quê? Não temos esse nome na família. Por que não colocamos o nome de tua irmã? Afinal, foi ela quem fez todo o enxovalzinho da criança, enquanto te atiravas ao leito, não querendo saber de nada.

– O nome de Estelita? – resmungou, cheia de ciúme.

– Sim, eu sou o pai e está decidido. Estelita ficará feliz, afinal, ela merece, não é?

Fora-se o amor pela esposa? Por que motivo essa sua transformação radical?

Justino e os aliados, com o intuito de se extasiarem com o prazer da vingança, aproveitando a ocasião do ciúme de Isolda, retornaram à vida do casal invigilante, influenciando-lhes a voltarem à traição. Assim, o esposo que ficara próximo ao berço da filha por semanas, voltara naquele dia a magoar Isolda. Dom Fernando, observando Estelita e Alberto, começou a coçar a barbicha e a pensar: "Pelo jeito, de nada lhes adiantou a filha nascer. Suas vidas voltaram a ser como antes".

Temendo que mais cedo ou mais tarde tudo viesse a ser descoberto, resolveu Alberto, a pedido de Dom Fernando, mudar-se com a família para a fazenda próxima àquela cidade. Assim, começou uma nova etapa de vida para aquela que antes desejava tanto dedicar-se à caridade em um convento de freiras franciscanas. Agora, despedindo-se da companhia paterna, Isolda tinha em mente sentir Alberto mais ligado a ela, esquecendo tudo o que acontecera. E se fixou nele como um polvo com todos os seus tentáculos.

Em sua casa, Dom Fernando se cientificara do casal de amantes. No entanto, amava as duas filhas que a velhice lhe devolvera e não queria perder nenhuma das duas. Tinha receio de que Isolda viesse a desconfiar do casal e fora ele mesmo quem havia sugerido a vida na fazenda para frei Antônio com a finalidade de salvar Isolda da dor.

Naquela época, divorciar-se no Brasil seria quase impossível quando um caso assim surgisse. E surgiam aos montes, porque o casamento quase nunca é realizado pelo encontro de almas gêmeas, mas para o reajustamento entre os seres. Dom Fernando, então, procurava acalentar a esperança de Isolda, mas quando viu que ela estava vendo e falando com Espíritos novamente, sentiu-se mal e seu coração começou a ter problemas. Sofreu muito, mas não pensou jamais em colocá-la em uma casa de saúde, porque sabia como eram os tratamentos lá.

Na verdade, logo que nasceu sua filha, Isolda melhorou dos nervos e recomeçou a frequentar a igreja da fazenda, mas passado um tempo, tudo voltou a ser como antes. O esposo médico, sempre ocupado com alguns pacientes e o jogo, que não conseguia largar, visitava-os nos finais de semana e quando lá podia ficar, dava mil desculpas para sua fuga. Adélia, uma escrava cedida a Isolda pelo esposo para ser babá de sua filha, sabia de todas as proezas dele, que eram acobertadas a troco de bagatelas. E, logo, ele abandonou Isolda e sua filha. Esse fato desesperou a antiga noviça que, com mediunidade desde a época do convento, começou a desequilibrar-se totalmente. O próprio Justino lhe aparecia frente a frente, olhando-a e rindo-se dela, chamando-a de louca. E Isolda, abraçada à filhinha, derramava lágrimas de fel e tristeza, fazendo muita força para reerguer-se. O que fazer se, na época, a mulher deveria ser submissa e quase não tinha querer?

Alberto se tornara seu verdugo, envolvido por paixão doentia pela alegre Estelita que, sentindo o mesmo, não conseguia libertar-se das pesadas armadilhas da carne, tramadas por sua própria insensatez.

O Espírito, que procurávamos "auxiliar", gozava de grande alegria por sua perspicácia. Aquela vingança havia demorado e lhe dera muito trabalho, contudo, ele não tinha pressa para que ela fosse concluída. Unido aos companheiros de umbral, mais conhecedores do que ele destes casos, estava conseguindo seus objetivos.

– Ah – dizia ele –, tudo está encaminhando-se para o desfecho final. Nós, que estamos mortos, não podemos segurar com as nossas mãos uma arma para matar aquele que nos prejudicou, mas podemos "conversar" com os vivos desavisados, colocando em suas mãos a arma que desejamos. Tudo é muito simples. Basta apanhar um ignorante que se desespera por sentir-se desafortunado e sem sorte, para que nos abra a porta pela qual penetraremos.

Dias passaram. Isolda estava cada vez pior, e

Alberto resolveu retirar a filha de perto da esposa. No entanto, algo incomum aconteceu. A irmã que a amava, mesmo agindo daquela forma, porque seguira os "conselhos" de Justino para com Isolda, começou a apiedar-se da infortunada, dizendo para Alberto:

– Veja bem, meu amor. Não conseguimos viver longe um do outro, no entanto, Isolda é minha irmã e não posso mais vê-la tão triste e desconcertada.

– Mas nada posso fazer, como médico, a não ser lhe colocar em um hospital para doentes mentais! E creio, minha querida, que terei que tomar, sim, uma atitude mais drástica para com ela.

– Porque não a fazemos voltar para casa? Ela se queixa de que vive muito só, chora, desespera-se. Papai saiu da fazenda chorando quando a viu pela última vez... Ele vai acabar morrendo! E também não posso vê-la dessa forma...

– Sim, isso poderá ser feito, mas quanto a nós, quando nos veremos novamente? Queres viver longe de mim?

– Não. Tu és minha vida... Mas, então, que atitude tomarás com ela? Não consigo mais viver traindo, dessa forma, minha própria irmã.

– Ora, Estelita, só tu não notas que ela enlouqueceu. Ela vê almas de outro mundo, grita e corre, dizendo fugir dos mortos. Precisas te convencer de que não posso mais conviver com uma louca que precisará ficar no hospício até o fim da vida. Achas, então, que tenho a obrigação de permanecer perto de uma mulher alucinada? Eu não quero que tu mesma te aproximes dela... Ela pode ser perigosa. Vê, meu bem, que o melhor lugar para ela é realmente o hospício.

– Mas de lá talvez ela jamais saia... E penso que, mesmo que esteja doente, é neste momento que ela mais precisa do esposo médico ao seu lado.

– Eu não conviverei com uma louca! Ouviste bem? No manicômio, pelo menos, poderemos deixá-la com alguém que tomará conta dela. Quem cuidará da tua irmã aqui? Eu? Com o tempo que me falta?

– Poderemos chamar uma enfermeira.

– Outra, aqui nesta casa? Bem... Poderia ser a bela Adelina... Mas penso que tu não vais gostar, não é?

– Adelina, aquela enfermeira que fez de tudo para tirar-te de mim, quando soube que Isolda havia enlouquecido? Não, ela jamais! Mas... Alberto, em uma casa de loucos... Por favor, não a coloques lá.

– Mas, Estelita, não vês que isto abrirá nossos caminhos – disse, achegando-se a ela e abraçando-a – Agora que teu pai está à morte, poderemos viver juntos, somente nós três, a Estelitazinha e nós.

Mudando sua expressão totalmente, Estelita, agora risonha, cedeu, esquecendo-se de Isolda. E nesse momento, incentivada na vaidade pelo malfeitor obscuro, perguntou:

– Estelitazinha... Dizes, meu bem, quem escolheu esse nome para ela? Foi Isolda, não foi? – inquiriu-o, abandonando toda expressão de peso que existia em sua face para sorrir, imaginando a alegria de ouvir, novamente, a resposta.

– Que nada, querida, eu a incentivei a colocar na minha filha o nome da mulher mais...

– Mais amada? Mais bonita?

– Mais atraente... Mais vibrante e mais amada da cidade. Estou perdidamente apaixonado por ti – e, com essas palavras, apanhou-a no colo, beijando-a.

Estelita se agarrou ao pescoço de Alberto e, assim, o assunto foi resolvido. Ela estava triste pela irmã, no entanto, não desejava largar o homem pelo qual estava apaixonada, imaginando viver ao seu lado e ao lado de sua sobrinha que tinha o seu nome. Porque não representarem eles, uma verdadeira família? Apesar de tudo, Isolda jamais ficaria boa, como dissera Alberto.

Então, "Vive la vie"! - exclamou. E Estelita, radiante, procurou por seu pai que, ao vê-la dessa forma, perguntou:

- Que felicidade é essa, Estelita? Tua irmã, porventura, está melhor?

Justino colocando as palavras em sua boca, fazendo-a dizer:

- Por fim, meu pai, por fim, vamos ser uma maravilhosa família, só nós três, Alberto, Estelitazinha e... - dando-se conta do que diria.

- Estelita, já que comentas isso, digo-te que já estou muito velho para assumir também essa responsabilidade. Foste má para tua irmã, perante meus olhos cansados. Não sentes peso nenhum?

- Ora, papai. Por mais que ame Isolda e tenha compaixão por ela, tanto Alberto quanto eu passamos a sentir que éramos e seríamos um do outro por toda nossa vida logo no início do seu casamento.

- Então, por que ele se casou com ela? Tirou-a do

convento para abandoná-la? Ora, minha filha, sempre foste espoleta e, como sempre achei, os rapazes se assustavam contigo, porque não pensavas duas vezes para agir como desejavas. Eu via teus olhares para Alberto desde o início do casamento deles e penso que, como achaste que irias ficar para titia, usaste de todos os atrativos para seduzi-lo.

– Chega, papai! Estás adoentado, não te preocupes tanto, quem sabe não queiras dormir?

Mas Alberto, ouvindo aquela conversa e sugestionado pelas sombras, imaginou ser este o melhor momento para a solução desejada. Começou, então, a dar uma medicação um pouco mais forte do que aquela que estava dando ao sogro...

Dias se passaram. O antigo almirante se cansava demais. Enfraquecia-se dia a dia, e Estelita percebia que alguma coisa não estava bem com ele e que seu amásio, agora jogando muito e estando relapso com os pacientes, só pensava na herança que receberia e em sua nova vida, a sós com ela.

Instigado pela espiritualidade inferior, o médico já não tinha mais paciência com o pobre pai de Estelita. Por sua vez, Dom Fernando sentindo que ele o estava envenenando, pediu para o genro retirar-se daquela casa, mas queria fazê-lo sem atrito maior e, então, chamou-o para falar-lhe:

– Alberto, sou conhecedor de toda a verdade entre Estelita e tua pessoa. Ela própria me confirmou que estão vivendo como marido e mulher. Peço-te, então, que te retires desta casa e vá morar com ela onde melhor desejares, deixando-me viver aqui com Isolda que, com certeza, ficará melhor aqui junto a seu pai. Ela está abandonada e doente. Sabes que me sinto fraco, mas peço que me dê essa grande alegria, meu genro.

– Isolda ficará bem aqui? O senhor, por acaso, é médico? Médico sou eu e já mandei chamar uma condução que apanhará Isolda para levá-la ainda hoje ao hospício da cidade. Isolda é uma louca!

– Não podes fazer isso. Estelita pensa o mesmo.

– Já a convenci do contrário. Agora, para seu próprio bem, deveria aquietar-se.

– Jamais! E já que não respeitas o dono desta casa, quero que saias ainda hoje daqui! Estou fraco, mas melhorarei. Sempre tive uma saúde de ferro. Não te preocupes, porque eu tomarei todos os cuidados com Isolda. Ela não irá para o hospício, teu mal é teu esposo!

– Tarde demais, meu sogro. Eles, nesta hora, já estiveram na fazenda e devem tê-la levado para o sanatório. Estelitazinha ficará aqui, sob nossos cuidados, e alegrará os seus dias finais. Está tudo sob controle.

– Vejo que és um crápula. Um crápula que eu mesmo escolhi para minha filha.

E tossindo, quase engasgando-se, ordenou:

– Faça suas malas.

– Está bem, se é assim que o senhor deseja...

Chegando à sala, entusiasmado pelas ideias "fantásticas" que lhe surgiram na cabeça, Alberto preparou uma poção para Dom Fernando, pedindo para Estelita:

– Meu amor, por favor, vá até o dormitório levar este calmante para teu paizinho que está muitíssimo irritado. Eu já tentei dar a ele, mas me expulsou do gabinete e só confia em ti. Contudo, ele precisa descansar. Não ouviste como ele estava alterado?

– Daqui onde eu estava, ouvi-o alterar-se sim, mas não pude entender o que estava dizendo.

– Ele ficará bem mais tranquilo com isso.

– Mas por que ele se irritou?

– Não sabia da gravidade da saúde de Isolda, o pobre.

– Bem, vou levar-lhe logo o calmante. Pobre paizinho!

Justino, sorridente, concretizava sua vingança, abandonando aquela casa, com o que considerava "um desfecho de ouro". Dom Fernando estava sendo assassinado. Logo, estaria com ele e, então, divertiria-se.

Colocamos as mãos na cabeça, muito tristes. Quanto mais faria aquele Espírito que se envolvia cada vez mais com as sombras? Então, lembramo-nos novamente de Kardec e das leis que essas pobres almas desconheciam, enredando-se cada vez mais nas teias da amargura. Como nos afeiçoávamos com aquela família, choramos. Por mais que quiséssemos controlar o sentimento que nos acolhera, as lágrimas lavavam nossa face entristecida. Mas aquilo era o passado, que não poderia ser modificado hoje, pois isso só poderia ser feito em reencarnações posteriores.

Então, lembramos de Isolda e fomos olhar nos anais da história o que havia acontecido com ela.

Isolda que havia sido contida com fortes amarras, entrara assustada na casa de saúde, clamando por seu pai.

– Pai, paizinho, ajuda-me. Não estou louca, paizinho... Não quis contar no convento sobre as visões e o que eu ouvia, mas caí na mesma desgraça... Oh, como vou avisá-lo se ninguém me atende?

À noite, Dom Fernando lhe apareceu à cabeceira do leito, olhando para ela com olhos muito tristes, e Isolda acordou sobressaltada, vendo-o sumir. No dia do enterro, enquanto Isolda estava deitada, apareceu-lhe Estelita vestida de preto com rigorosa elegância.

– Minha irmã... – balbuciou ela com uma expressão de dor.

– O que aconteceu? Vieste rir de minha desgraça? Oh, Estelita, porque fizeste isso comigo? Éramos amigas. Por que, naquela época, não casaste tu com Alberto? Eu teria compreendido... E minha filha, como está minha filha? Alberto tirou-a de mim. Oh, que desgraça!

– Eu não fiz nada, Isolda. Por favor, não chores tanto – pediu-lhe a irmã dissimulada. – Estou aqui por causa de nosso pai.

– Usas preto. Tira, por favor, estas vestes que me deixam nervosa... Mas o que houve com papai?

– Ele... Morreu. Nosso pai se foi.

– Como, se estava tão bem?

– Não sei, foi de repente. Eu quase enlouqueci, porque aconteceu depois que lhe dei a medicação. Penso eu que ele teve um colapso. Alberto foi incansável com nosso paizinho, minha irmã. Ele é tão bom... E quer que voltes logo para casa. Ele te ama, querida mana – disse, disfarçando, vendo o que aquele sofrimento, causado por ela própria, fizera com a sua irmã. – Quando voltares, vou mudar-me para Portugal. Assim, ficarás mais feliz sem mim, já que deves estar me odiando. Mas quero dizer-te que eu não fiz nada que possa me depreciar.

Quando sentiu que estava realmente só, que seu pai havia desencarnado, a antiga noviça começou a gritar e pedir por socorro. Nesse momento, seu sofrimento aumentou.

– Estou completamente só agora! Oh, Deus! O que fazer? Por isso, eu vi papai aqui ontem à noite.

– O quê? Ora, Isolda, isso não poderia ter acontecido, querida. O papai já havia morrido nessa hora.

E, temendo a irmã, concluiu sua visita, dizendolhe:

Tenho que ir. Cuida-te, sim?

Estelita saiu assustada. Temia que, a qualquer momento, Isolda se lançasse sobre ela e intentasse contra a sua vida. E pensou em não mais voltar a vê-la.

A pobre esposa de Alberto, chamando pela filha e pela irmã, pedia que a tirassem do sanatório. Delirava. Nunca mais havia se lembrado de orar, mas, ao saber da morte de Dom Fernando, frei Antônio foi visitá-la no sanatório.

– Filha querida, o que te aconteceu? Perdoa-me ter vindo somente agora, mas estive morando em São Paulo novamente.

– Foi ele, o homem das sombras quem fez tudo isso, frei – disse-lhe Isolda, sussurrando, com os olhos muito abertos, quase saindo das órbitas. – Ele, Justino, disse-me que iria destruir quem o prejudicou, que iria se vingar. Dizia-me isso quando eu ainda estava na fazenda. Agora ele ri, porque diz que seu plano já foi consolidado. Oh, frei, acreditas em mim, não?

O sacerdote baixou a cabeça e pensou: "O que fazer? Vou ter que dizer que acredito nela. Louca... Está louca a pobre filha". Mas falou com o coração:

– Filha, lembra-te sempre de que Jesus é a

maior força do Universo. E, quando estamos em desespero, precisamos ligar-nos a Ele, porque assim nos mostrará o caminho a seguir. Nada está perdido, filha, nada. Por maior que seja nossa dor, Ele é a luz do mundo e poderá clarear nossos caminhos, por mais obscuros que sejam. Só Ele pode nos tirar as angústias e os temores.

Então, segurando-a pelos ombros fortemente e fixando-lhe o olhar, continuou:

– Olha para mim. Crê em mim ou não?

Com a face crivada pela amargura e pela dor, ela balbuciou:

– Sim... eu acredito.

– Então, vamos começar agora. Oremos, minha filha, perante este crucifixo fixado na parede:

"Pai nosso que estais no céu"...

Depois de orar o Pai Nosso, o Frei, que estava ajoelhado no piso, ao lado de Isolda, concluiu:

– Senhor, olhai por nós. Nós que Vos amamos e que estamos desesperados. Colocai em nossa alma o consolo que necessitamos e, em um átimo, Vossa luz virá até nós, clareando-nos os caminhos, devolvendo-nos a esperança dos justos e dos que Vos amam.

Sabemos que, sem Vós, nada somos e, se assim pensamos, Vossa ausência em nosso pensamento é para nós um perjuro. Não nos deixeis mais falharmos na prece. Que a oração seja nosso alento desde a primeira hora do dia até a noite chegar, para que ao adormecermos, assim, em prece, termos um escudo para lutarmos em favor do bem e, com isso, vencermos todas as batalhas contra o mal.

Amém.

Ali, naquele momento de lucidez, Isolda se lembrou de Jesus. Atirando-se ao chão, pediu com o olhar dirigido ao alto, como se houvesse aberto uma brecha no telhado para que o céu se lhe fosse mostrado:

– Senhor Jesus, causa dos aflitos e desesperados. Olhai para nós, Senhor, e perdoai-me. Perdoai-me por ter desistido do que sempre achei ser minha vida, o auxílio aos pequeninos e o claustro da oração. Cuidai para que a alma de meu pai não se perturbe ao encontrar-se com o espectro de Justino. Que, onde estiver sua alma, seja ele isolado da vingança do sargento que tanto o odeia. E, para mim, Mestre Amado, dai-me somente o consolo e a paz, por que vejo, às vezes, monstros a me assustarem. De agora em diante,

Vós sereis novamente a luz a orientar-me na escuridão, o farol de minha triste sina.

Não pudemos conter as lágrimas. Estávamos chorando novamente. Sabíamos que não deveríamos nos emocionar e nem baixar a sintonia do grupo. Então, passamos a visualizar o funeral de Dom Fernando.

Ali, agregado ao corpo material de Dom Fernando, como goma a prender-se nele, estava Justino acompanhado por dois de seus auxiliares do mal. Aguardavam que o antigo almirante acordasse e se percebesse que havia desencarnado. Mas, no momento em que Isolda começara a orar com fervor, começamos a visualizar três Espíritos, usando indumentária do passado. Muito iluminados, eles traziam nas mãos algumas ferramentas para o desligamento daquele corpo. Os homens da sombra sentiram medo e se afastaram do cadáver.

– Vamos Justino, fujamos! Com estes não poderemos!

– Mas eu não posso ir. Tenho que esperar o desgraçado sair dos despojos.

– Estás louco? Fujamos!

Lembrando do que aprendemos com André Luiz sobre a proteção da prece, vimos o auxílio recebido por Dom Fernando através de oração feita, com o coração, pela filha que o amava. Em sua vida pregressa, o velho não tivera graves delitos. Sua esposa se fora, é certo, mas ele não tivera intenção de matá-la, e o ocorrido se deu por seu ciúme exagerado e pela constante invigilância. A dor que sentira mais tarde já fora a colheita do que semeara. Ele não fora um homem mau, mas um pobre desconhecedor das leis de nosso Pai.

Ficamos aliviados, porque a oração de amor de Isolda fora a proteção para que o mal se fosse.

## Capítulo 12

# O testamento

Alberto continuava o mesmo, pois agora, passados poucos dias do funeral e considerando-se dono de novos bens por intermédio de sua união com Isolda, foi procurar na mesa do almirante o testamento que ele deveria ter deixado.

Em uma gaveta, bem abaixo de alguns papéis, reconheceu a pasta de couro que procurava. Imaginava que os valores que lhe caberiam seriam objeto de consolo por tanta dedicação ao cuidar do adoentado, mas qual não foi sua surpresa quando leu o que ali estava redigido: que só com a assinatura de suas duas filhas, os imóveis poderiam ser vendidos. Indignou-se sobremaneira, porque não era isso que ele esperava encontrar. Bateu com o documento no móvel da mesa e bradou tão forte uma maldição, que até pessoas que passassem pela rua poderiam ouvir.

Então, começou a concatenar as ideias. Pediria ao médico do manicômio um documento no qual atestaria estar sua mulher incapaz de usar de suas faculdades mentais, mas não vendo viabilidade nisso, achou melhor apanhar Isolda no hospício e levá-la, junto com ele, para Portugal, onde conseguiria convencê-la a assinar um documento e depois a faria "sumir" novamente no hospício. Quanto a Estelita... Seria bem mais difícil e talvez impossível. Para tanto, teria que procurar outros meios.

Nessa altura dos acontecimentos, Alberto largara a Medicina, atirando-se ao jogo, como um fanático, e tratando Estelita com rispidez como já o fizera com Isolda. No dia seguinte, pela manhã, completamente alterado e somente pensando em como obter a assinatura de Estelita, resolveu buscar uma alternativa com um advogado.

– Temos que dar um jeito neste testamento. – disse ao Dr. Neustino.

– Não podemos fazer nada. Está assinado por duas pessoas da confiança dele, Alberto.

– Não acredito que haja caso sem solução quando se tem bom dinheiro para comprarmos coisas. Olha.

E Alberto colocou sobre a mesa um pacote grande.

O advogado, com os olhos muito abertos, imaginando o que seria sua vida daquele momento em diante e com todo aquele dinheiro, engoliu em seco, pedindo para Roberto, o rapaz que o auxiliava, um copo d'água, bebendo-o quase todo de uma só vez.

– Agora, podes sair, Roberto – ordenou-lhe.

Segurando a respiração, como se respirar pudesse fazer aquele pacote sumir, ergueu-se para ver o seu conteúdo.

– Onde conseguiu tanto dinheiro? – perguntou ansioso, com receio de que o médico dissesse que não era dele ou que pagaria apenas um décimo daquele valor.

– Bem, eu morei com o meu sogro, e o velho me agraciou com essa grande quantia para que eu pagasse as despesas de suas filhas e, assim, pudesse morrer, um dia, sem preocupação nenhuma. Achas que esse valor será proveitoso para o que estou começando a fazer?

– Bem, cá entre nós, tenho meus auxiliares. Eles

poderão perfeitamente fazer um novo testamento com assinatura idêntica.

– Pois aí está, Dr. Neustino. Foi para isso que vim aqui.

O advogado não tirava o olhar do pacote de dinheiro, ainda fechado.

– Olha bem, Doutor. Tudo isso será teu – comentou o médico. – Vou abri-lo. Vê que é um bom valor.

– Sem dúvida nenhuma – falou Neustino, preocupado, com receio de que aquilo fosse somente um embuste, uma piada de mau gosto.

Aproximou-se do pacote, sem sequer tirar os olhos dele ou apanhá-lo com os dedos, com receio de que pudesse surgir uma conversa decepcionante.

Alberto retirou um terço daquele valor, colocou-o sobre a mesa.

– Pegue-o, Dr. Neustino.

O advogado o apanhou rapidamente, e Alberto continuou:

– Mas presta atenção no que vou dizer-te: se nada fizeres por mim, denunciar-te-ei, mas se fizer aquilo que estou pedindo, então, sim, serás um homem rico e poderás comprar o que quiser. Dom Fernando, depois que voltou ao Rio de Janeiro, fez ótimos negócios, comprando muitas fazendas. Está certo?

– Sem dúvida.

– Amanhã, vou trazer aqui um documento, alguma carta assinada por Estelita para que copies corretamente a sua assinatura no testamento.

– Esse é um trabalho árduo e, até conseguirmos fazê-lo com perfeição, levará um determinado tempo. Trabalharemos durante toda a semana.

– Tenho urgência disso.

– Farei o possível, fique tranquilo. Só necessito de todos os seus dados.

– Tudo bem, podes anotar aí...

O médico português, bem-apessoado e atraente, queria fugir de Estelita, imaginando o que iria contar a ela se lhe perguntasse sobre o testamento de seu pai. Começou a retirar-se em dias alternados, com Adelina, dizendo que tinha viagens a fazer, somente para não se encontrar com ela antes de receber o chamado do Dr. Neustino .

– Viagens? Que viagens são essas? Vou contigo.

– Não poderás, lembra-te que temos uma "filhinha".

– Estelitazinha ficará com a sua ama de leite. E ela é a "tua" filha.

– Não te levarei e está acabado.

Sem preocupar-se com o testamento, lembrando somente do tratamento terrível que Alberto estava dando-lhe, acuada pela sua transformação, Estelita começou a desconfiar dessas viagens rápidas que não lhe deixavam nenhuma pista.

Mas ela não tinha o mesmo temperamento da irmã e, dois dias depois, logo que ele chegou, uniu-se a ele com palavras de carinho, dizendo-lhe:

– Meu querido Alberto, estás repelindo-me? Já não me amas mais? O que houve, meu bem? Será, porventura, Adelina?

– Ora, deixa de bobagem. O caso é que estou sentindo extrema repulsa pelo teu jeitinho de mulher inteligente e perspicaz. Cansei-me de ti e, agora, sai da minha frente, que tenho coisas a fazer.

– Mas que repentina transformação... – disse Estelita, esbanjando um altruísmo que não tinha – Eu só quero dizer-te que estou disposta a apanhar o testamento que papai me deixou para, com aqueles valores da venda das propriedades, colocar minha pobre irmã Isolda em uma clínica na França.

Alberto ficou lívido, mas, erguendo-se, constatou:

– Pois andei procurando se havia algum testamento de teu pai, mas ele nada deixou. E, para dizer a verdade, dentro de alguns dias parto para Portugal, pois fui chamado para trabalhar lá.

– Não me digas... Então, uma boa viagem, mas, antes, voltemos ao assunto do testamento. Se não o encontrarmos ali no gabinete, é porque papai só fez uma cópia, a que tenho em mãos.

Alberto gelou.

– Em mãos? Co... Como? Não pode ser... Ele não faria outra cópia.

– Outra cópia? Sinal de que há duas cópias do mesmo testamento.

– Ora, ora, mas que bobagem... Deixa-me ver.

Estelita ergueu seu braço com um canudo, respondendo:

– Não... Esta cópia é a alternativa que terei para provar que estás roubando-me e fugindo para bem longe – E saiu correndo porta afora para procurar frei Antônio.

Alberto ficou como louco, pois iria ser descoberto. Mas como seu sogro fizera dois testamentos? Estelita... Ah... Odiava-a agora e livrar-se-ia dela de uma forma ou de outra. No momento, apenas a seguiria.

Foi nesse dia que a irmã de Isolda, visitando a igreja, procurou pelo afeiçoado frei, o único que considerava verdadeiro amigo do coração, para com ele aconselhar-se.

– Filha, que bom que desejas buscar tua irmã. Estou visitando-a seguidamente, e ela se recupera muito rápido. Já não vê mais Justino, faz preces todos os dias e, à noite, adormece sem necessitar de remédios. O médico Dr. Antunes me confiou que se ela tiver para onde ir, poderá sair do sanatório. Há alguns dias atrás, ela começou a trabalhar, cuidando das velhinhas lá no sanatório mesmo. Parece-me, minha filha, que ela voltou a ser como antes. Sei que não é louca, porque soube de meu próprio Bispo que ele também tem visões e ouve os Espíritos e, pelo que dizem a ele, são pessoas normais e não demônios. Tua irmã não está mal. Ela está ficando curada.

– Isso é um milagre! Mas não vim aqui por esse motivo, frei.

– Então, por que vieste?

– Vim, porque Alberto me trai – respondeu e, vendo a repreensão no olhar do sacerdote, desculpou-se – Bem, peço-vos desculpas. O senhor não sabe da nossa história, esteve morando em São Paulo, mas vou ter que contá-la mais tarde. Alberto está roubando-nos e, além do mais, deve estar querendo vender nossos bens para apossar-se do que pertence a mim e a minha irmã.

– Por quê? Como sabes disso?

– Descobri hoje. Menti a ele, dizendo que tinha em minha mão uma cópia do testamento de meu pai, mas papai não fez cópias. Eu apenas tinha nas mãos um rolo de papel comum. No testamento, papai nos deixou as propriedades e toda a fortuna que fez com as plantações em nossa fazenda. Mostrou-me dias antes de morrer, só que esse documento desapareceu da gaveta onde ele havia deixado. Papai deve ter ficado ciente de quem realmente é o esposo de minha irmã.

– Eu nunca gostei do teu cunhado, o Dr. Alberto. Sempre desconfiei dele. Não foi de bom-tom ter colocado a esposa no manicômio, sem outra avaliação médica.

– Frei, eu imagino que a morte de meu pai está relacionada com isso. Alberto o matou.

– Como podes dizer uma coisa dessas? Minha filha! Isso é uma acusação muito grave!

– Grave e verdadeira. Na última noite de papai,

levei-lhe uma medicação que Alberto indicara, dizendo-me que o coitadinho estava muito nervoso. E eu ainda acreditei nele!

– Deste a medicação ao teu pai?

– Como iria saber o que estava naquele copo? Afinal o meu... O esposo de Isolda é um médico!

– Oh, ele deu as mãos para o mal, deu as mãos para as sombras! Eu devia ter ouvido a minha intuição. Algo me dizia o que ele traria para a tua família... Ah, desgraça!

– Como?! Sabia que ele nos desgraçaria?

– Eu sonhei com tua mãe, minha filha.

– O que o senhor sonhou com a mamãe?

– Sonhei também com Ambrósio, aquele servo bom, lembras dele?

– Sim, é lógico. Ele foi nosso companheiro nas brincadeiras infantis.

– Pois vieram os dois em sonho, dizer-me para ter cuidado com Alberto. Apiedavam-se dele, mas me diziam que haveria necessidade de teu pai voltar a Portugal, procurando lá a família desse esposo de Isolda.

– E por que o senhor não procurou por nós, frei?

– Por um sonho? Ora, sonhamos praticamente todas as noites... Como iria adivinhar que um sonho tivesse razão de ser? Que fosse verdadeiro?

– Bem... Eu também sonhei com Isolda dias atrás. Sonhei que ela me alertava sobre o esposo que tinha, e que nossa mãe fora avisá-la de que seria de suma importância conhecer mais sobre ele.

– É... Tudo parece encaixar-se. É bem provável que isso tenha sido um aviso.

– Por isso, frei... Peço vossa assistência para procurar o advogado ou o tabelião que fez o testamento. Tenho aqui, em mãos, o endereço de um advogado, que estava em cima da mesa de papai, antes de Alberto chegar à nossa casa ontem. Como papai foi capaz de apresentar esse homem para nós e ainda casá-lo com Isolda?

– Seu pai foi enganado por um amigo, que também não conhecia o médico. Bem... Deixe-me ver o nome do advogado – pediu o sacerdote, apanhando de Estelita a anotação que ela tinha em mãos. – Dr. Neustino Tavares. Já ouvi falar desse homem. Ele é um pobre ser que falcatrua a valer.

– O que significa isso?

– O homem é desses que engana até a própria

mãe para estar bem de dinheiro. – respondeu e, benzendo-se, continuou – Que Deus me perdoe por falar a verdade.

– Será que... Sim... Penso que, quem deixou este endereço na mesa de papai, foi Alberto. Eu vi a cara de assustado quando lhe falei sobre o testamento. Ele deve ter procurado o advogado para alterá-lo.

– Minha filha, será que não estamos fazendo acusações agressivas a esse homem? – ainda inquiriu-a o sacerdote, desejando agir como verdadeiro cristão, como sempre fora, sem fazer julgamentos impróprios.

– Não, frei. Ele, a estas horas, até pode estar no porto, pronto para partir com o testamento alterado.

– Bem, somente o testamento, porque não poderia vender assim tão rápido os imóveis de teu pai.

– Por favor, frei Antônio, eu preciso de um homem ao meu lado para defender-me.

E, olhando para a cara que o sacerdote fez, continuou:

– Ora, desculpai-me. Vendo o senhor fazer esta cara, afirmo que só porque veste uma túnica de franciscano não significa que não seja um homem. Correto?

– Bem, essa é uma verdade. Mas não sou um homem na verdadeira expressão da palavra. Sabes disso, não, filha? O celibato, para mim, sempre foi um compromisso que assumi com o Cristo.

– Tudo bem, deixemos isso e voltemos ao assunto. Tendes tempo agora, frei?

– Ora, sim, tenho tempo – respondeu ele, consentindo com a cabeça, mas com o cenho preocupado. – Aonde vamos mesmo?

– Vamos falar com a Guarda Policial.

– Guarda Policial? Vai meter-me com a Polícia, filha?

– E com quem mais poderei falar?

– Não, está tudo errado. Faça assim: vá até o endereço desse advogado. Lá podes... bem ... não é de meu feitio, mas podes colocá-lo contra a parede. Não preciso te ensinar como, porque sabes mais do que eu como agir. Depois, volta aqui.

– Está certo. Vou saber de toda a verdade. Depois, iremos procurar a Polícia e denunciar esse advogado bandido e também Alberto, como criminoso.

– Mas e se estivermos julgando quem não está metido nisso?

– Foi o senhor mesmo que me falou sobre esse advogado.

– Mas temos que ter provas, provas.

– Não tendo provas, sirvamo-nos da inteligência e da perspicácia.

– Vá, minha filha, e que Deus te acompanhe.

Caminhando para apanhar a charrete, a irmã de Isolda começou a imaginar muitas coisas negativas em relação à sua vida futura. O que estaria Alberto planejando? Pois se matara seu pai e roubara seu testamento, então a mataria também. Nisso, abrindo muito bem os olhos e gritando, voltou.

– Frei! Temos que ir até Isolda! Ela corre perigo de vida! A esposa é ela, e não eu! Se ele ficou com a fortuna de nosso pai, vai desejar eliminar a nós duas, começando por ela!

– Oh, filha, não façamos melodramas... Estás exagerando... – respondeu o frei, apesar de que, intimamente, também se encontrava assustado e muito preocupado.

– Filha, enquanto fico aqui, orando, vá até o advogado e terás o documento em mãos. Depois, iremos até Isolda.

Estelita saiu diretamente para lá com o endereço nas mãos. Ao chegar à casa do advogado, este a atendeu, achando ser uma nova cliente, pois não a reconhecera.

- Bom dia, madame.

- O senhor é o Dr. Neustino?

- Sim, às suas ordens, madame.

- Olha, podemos sentar-nos? Tenho coisas importantes a falar-te.

O advogado lhe apontou delicadamente a poltrona à sua frente, e ambos se acomodaram.

- Bem... - iniciou ela - Para começar, vim apanhar o testamento de meu pai, Dom Fernando dos Abrolhos, que meu cunhado deixou aqui. Sou filha do finado.

- Tes... Testamento? Não sei do que falas, senhora.

- Sei que o senhor está sabendo de tudo.

- Ah, sim, o Dr. Alberto, mas... Porque o Dr. Alberto não veio com a senhora? - inquiriu-a, desconfiado.

- Ora, ele é médico e os médicos sempre estão ocupados. Mas meu cunhado me contou tudo sobre o que falou com o senhor. Sabe, ele e eu pretendemos fugir, como deves o senhor saber, e levar a fortuna deixada pelo meu pai para Portugal.

Os olhos do advogado viravam de um lado a outro, piscando muito e demonstrando a Estelita o quanto se encontrava nervoso. Calado, escutava sem saber o que dizer para não se incriminar. Como Alberto fora contar para ela? Mas se ela ali estava só podia ser por estar ciente do acordo entre ele e o cunhado. Decerto os dois fugiriam deixando a irmã louca a "ver navios". Sim, e se isso fosse um segredo, como ela soubera de seu endereço? Poderia, sim, entregar o testamento para Estelita tranquilamente.

Enquanto ele se decidia, olhando para ela e imaginando se estava certo o que faria, ela complementou:

– Sabe, Dr. Neustino, eu e Alberto necessitamos que nos devolva o documento normal para melhor estudarmos as reformulações que deseja fazer. Saibas o senhor que minha irmã está doente, e ela não precisará de uma fortuna vivendo no local em que se encontra, não acha?

– Entendi o que deseja, senhora – respondeu, sarcástico – Se o ama, tem que ser assim, não? Sua irmã iria segui-los caso melhorasse, até conseguir o que seria seu por direito, mas duvido que isso aconteça. No entanto, se isso acontecer lá em Portugal... É diferente...

Diante do olhar perscrutador de Estelita, o Dr. Neustino apanhou a chave que se encontrava debaixo do mata-borrão, sobre a mesa, e retirou da gaveta o documento original, para logo apanhar o novo que fizera. Dizendo a ela:

– Madame, aqui está o testamento original, o outro documento não está pronto, mas foi bom ele ter mudado de ideia e levar a senhora com ele, porque...

Em suas mãos, ele abriu o testamento e viu que o nome de Estelita estava ali com a assinatura forjada. Então, subiu-lhe à cabeça uma vermelhidão. Ela iria descobrir tudo se visse a mistificação da assinatura gravada no papel. E se ela pedira o documento para acusá-lo de fraude? Aquele testamento o colocaria na cadeia. E ainda tinha uma boa parcela para receber de Alberto... Olhou-a fixamente, e ela notou desconfiança em suas maneiras.

– Acho melhor rasgar esta cópia do testamento, porque não está correta – disse-lhe, acusando seu funcionário e resolvendo a questão para não ser pego.

– Rasgá-lo? Por quê?

Mas sem responder, ele o fez, colocando as folhas no lixo, diante do olhar assombrado da irmã de Isolda.

Sem nada comentar, ela calmamente enrolou o original e lhe disse, levantando-se:

– Penso que nada mais tenho a fazer aqui. Mas agradeço, porque cheguei na hora certa.

Nesse momento, abre a porta o Dr. Alberto, arfando o peito esbaforido e cravando o olhar ardiloso sobre a cunhada, ante a surpresa dos que ali estavam.

– Sabia que estarias aqui, Estelita.

E dirigindo-se ao advogado que não se mexia do lugar, ordenou-lhe: – Dá-me o documento que pedi, Dr. Neustino. Olha, aqui está o saldo da soma que combinei – ainda falou, atirando o saco sobre a mesa.

Temendo que a cunhada já o tivesse "comprado", Alberto quis fazer um jogo rápido antes que o advogado desistisse dele.

Estelita, por sua vez, estava rígida. O cunhado mostrava ali o roubo que tinha feito no cofre de seu pai. Notou isso pelo saco que o encobria. Mas que desaforo! No entanto, mesmo gélida, ficou imaginando como agir.

Alberto seguira Estelita desde que ela saíra para ver Frei Antônio. Aguardara ela deixar a igreja para entrar e conversar com o sacerdote.

– Frei, sei que és fiel à Igreja e também às tuas afilhadas, minha esposa e sua irmã. Acontece que Estelita está doente. Desconfia que estou a lhe roubar e que não sou mais digno de estar morando naquela casa. Por isso, parto para Portugal em busca de um patrimônio legado a mim por parentes mortos. No entanto, deveria o senhor cuidar da doente, para ela não ter que ficar internada também. Peço-lhe que a tranquilize em relação a esse fato. Sou uma pessoa boa, o senhor deve ter visto, inocente e...

– Meu filho – interrompeu-o o sacerdote, não dando atenção ao que ele falava –, vê bem o que estás fazendo. Não levamos nada deste mundo e as coisas conquistadas aqui na Terra, não sendo corretas no verdadeiro plano da vida, nos serão cobradas por nossa consciência e também por todos os que prejudicamos... Não faças o que tens em mente, meu filho. Lembra-te que temos o Céu para conquistar, e não o inferno. Siga o caminho do bem, ainda está em tempo. Aquelas meninas são como minhas filhas.

O frei nada comentou sobre o testamento, mas Alberto sentiu por que ele falava daquela forma e foi procurar o advogado.

Agora, ali em sua frente, Alberto insistia:

– Vamos Dr. Neustino, o que esperas? Olha, pode contar o valor que está em cima da mesa.

– Mas... Mas... – gaguejava o advogado sem saber qual resposta devia dar.

– Mas o quê?

– O documento? Ah... – respondeu, nervoso e constrangido, pois ela saberia que ele havia mentido – Aquele? Acabei de rasgá-lo.

– O quê? Rasgou-o? E esta mulher? O que faz aqui?

Estelita, em inopinada decisão, apanhou rapidamente o valor do pacote largado em cima da mesa e, coração batendo descompassado, criou coragem para dizer:

– Só vim para apanhar o testamento original.

E saiu porta afora.

Alberto atirou sua pasta, batendo o punho com força sobre a mesa e, sentando-se, colocou as mãos na cabeça, dizendo:

– Maldita! Ela descobriu tudo!

De volta à igreja, a irmã de Isolda disse ao frei:

– Frei Antônio, precisamos buscar Isolda, mas, antes, voltemos à nossa casa para encontrar provas contra Alberto.

E logo, ambos entraram no jardim da moradia da jovem.

- Alberto estará em casa?

- Penso que ele deve ter ido apanhar Isolda no sanatório para levá-la a Portugal e, assim, ficar com a parte dela.

- E onde conseguirás a prova que desejas contra ele, menina? Olha, não desejo fazer mal a quem quer que seja, hein?

- Sei frei, mas devo procurar a prova de que necessito. - respondeu resoluta, a jovem - Lembro-me que o copo da medicação preparada por Alberto deve estar ainda no gabinete de papai.

- Mas haverá algum resto de medicação lá?

- Veremos.

Ambos chegaram a casa e entraram no gabinete de Dom Fernando, que estava fechado desde sua morte e só fora aberto para a procura do testamento. Lá se encontravam os armários com muitos livros, uma poltrona de couro, tudo muito escuro, da cor dos móveis pesados de madeira lavrada. Estelita percorreu os olhos na prateleira do armário de livros, onde sempre colocava o copo d'água para ele e até pratinhos, mas nada encontrou. Depois, lembrou-se de que o almirante estava no quarto, e não no gabinete. Subiu as escadas correndo, recordando-se de que ele pegara o copo nas mãos, mas nada havia em cima da mesa de cabeceira, a serva havia limpado o dormitório. Olhou, então, para o chão e quase debaixo da cama estava o copo, ainda com pequena parte de seu conteúdo.

– Veja, frei. Vejamos se tenho razão. Se foi essa a causa da morte de meu amado pai, aqui teremos a prova. Alberto não se deu conta disso, imaginando que logo Matilde viria limpar o dormitório. Ela não limpou direito, como sempre... E não viu o copo no chão.

– Mas de que serve este copinho, minha filha?!

– Pelo resíduo no fundo dele e pelo odor dá para perceber que não foi a medicação adequada. Vou dizer a ele que descobrimos tudo.

– Entendi... Que menina esperta! Mas, primeiro, vai ver se ele levou algumas roupas para viajar. Onde ele estará, meu Deus?! – confabulou nervoso, usando seu sotaque português. – Devemos certificar-nos, filha.

Entrando em seu dormitório, Estelita percorreu o olhar sobre o guarda-roupa aberto.

– Olha só... O guarda-roupa está vazio. Ele levou roupas dele e algumas minhas. Só podem ser para Isolda. Ele quer toda a herança de minha irmã. Frei, jamais verei Isolda novamente se partirem. Temos que ir atrás deles.

- Pois vamos lá!

- Se eles já tiverem partido, viajas comigo na próxima embarcação?

- Eu... Viajar? Não posso, filha!

- Não tende um irmão em Portugal? Pois ireis visitá-lo. Avise a sua Diocese. Vamos!

- Ah, minha filha, o Bispo vai colocar-me na rua!

- Mas lembrai que o senhor prometeu à minha mãe, dias antes dela partir, que cuidaria bem de nós se algo acontecesse a ela.

- É verdade... E as duas não têm nem pai... Está bem, mas preciso conversar com o Bispo sobre isso. Ah... Por onde essas mentiras me levarão? Certamente ao inferno, ao inferno! Mas vamos primeiramente ver se os apanhamos no porto. Algo me diz que eles estão lá. Teremos sorte.

A lua banhava o mar e Isolda, ainda amargurada por sair do Brasil daquela forma, como fugitiva, era abraçada pelo esposo, que dizia ao seu ouvido coisas para fazê-la sorrir:

– Podes não estar de acordo agora, minha querida, mas quando chegarmos a Portugal, tenho certeza, gostarás de conhecer minha família. Agora que ficaste boa, verás como seremos novamente felizes.

– Já me fizeste chorar lágrimas amargas, já me maltratastes demais, colocando-me naquele manicômio. Achas, então, que sou capaz de acreditar em ti? E agora, queres abandonar a cidade deixando aqui nossa filha, sem pai nem mãe, a filha que não vejo há meses! És, sim, um crápula! Deixa-me aqui. Eu te imploro! Solta-me, preciso voltar para casa!

– Não vou te deixar fugir, pequena. Estou bem agarradinho a ti e falta pouco para o navio zarpar. – falou, apertando-a até machucá-la.

– Esta será a última vez que me machucas, juro-te que não sairei daqui sem ver a minha filha.

– Ah, querida... Veremos... As coisas poderão ocorrer de maneira inesperada...

– Porque mudaste tanto comigo agora? Não sei, estás modificado. Sinto isso pelo teu olhar. Algo se esconde em tua alma, que não consigo perceber, mas sei que não estás dizendo a verdade.

Ela estava ouvindo vozes a dizer-lhe que fugisse dele o quanto antes, mas se ela lhe contasse isso, certamente, Alberto a colocaria novamente naquele lugar terrível, onde tanto sofrera. E continuou:

– Eu não queria ter vindo, Alberto, mas me obrigaste. Se eu for, deixarei aqui meu coração, com minha filhinha e minha irmã.

Alberto fez uma cara de desprezo e arguiu:

– Tua irmã... Como se ela fosse uma santa...

– As pessoas não falham sozinhas, e a outra parte também é culpada e, talvez, a mais culpada.

Olhando para cima, como quem já estivesse cansado daquela conversa, continuou:

– Está bem, perdoa-me.

– Dize-me, de quem estás fugindo? Fizeste alguma coisa à minha irmã?

No caminho para o Porto, a cunhada de Alberto comentava:

– Vamos encontrá-los! Temos que encontrá-los ainda aqui.

– Deus te ouça, filha.

Depois disso, ambos se aquietaram levando em mente inúmeras apreensões. O frei se interrogava se estaria dando o passo certo indo para Portugal, se eles já tivessem viajado. Será que Alberto desejava mesmo desbaratar a vida da preciosa Isolda depois de receber o valor do testamento ou isso era fruto da desesperança da mulher "espoleta" que estava ao seu lado? Levaria Isolda até Portugal para quê? Era coisa de se pensar. Não pagaria Alberto desagradáveis desconfortos ao partir com a esposa, já que ela via Espíritos e era considerada uma mulher maluca? Não fora ele quem a tinha abandonado e a colocado no hospício? Tantos pensamentos passaram pela cabeça do sacerdote, que acabou por achar, que o melhor seria aguardar os acontecimentos e permanecer calado.

Ao pararem os cavalos, enquanto o frei descia calmamente, Estelita já pulara da charrete. Frei Antônio, por sua vez, olhando para direita, avistou Isolda e Alberto.

– Olha, Estelita, eles ainda estão aqui, mas pelo que vejo, estão pretendendo subir a plataforma que os leva ao navio. – argumentou, nervosamente.

Estelita correu por entre as pessoas e gritou com toda a força de seus pulmões:

– Isolda! Volta!

Isolda olhou para ver quem a chamava e fez uma

força fora do comum para que Alberto a deixasse ir até a irmã.

– Para de chorar, mulher! Não aguento mais! – ordenou Alberto – Vamos embarcar.

– Quem disse que ela embarcará? – inquiriu-o Estelita, aproximando-se.

– Ora, ela é minha esposa!

– Agora? E acha que ela aceitará um homem que a colocou no manicômio?

– Cala-te, mulher!

– Olha aqui este copo. Aqui está a prova do assassinato de papai. –disse, blefando – Sempre desconfiei da medicação que lhe dava.

Alberto franziu a testa, consternado primeiro, depois, riu-se e comentou:

– Ganhaste aparentemente de mim quanto ao testamento, mas levo comigo a outra herdeira. Estarei, em breve, com a metade dos bens. Sai daqui! As pessoas estão querendo entrar e estás atrapalhando o caminho!

– Está bem, mas voltarás ao teu país, sozinho! Eu já caí em teus rompantes fantasiosos uma vez e, se olhares bem, verás que tua esposa já se encontra lá adiante com o nosso amigo frei – comentou alegremente Estelita.

O português notou que o navio ia partir e, vendo que tinha tudo a perder se ficasse no Brasil, subiu na embarcação que se afastou da costa, deixando no porto o seu passado.

Finalmente – falou consigo mesmo Alberto –, assim será melhor. Ainda saio ileso do assassinato e ninguém conseguirá me apanhar em Portugal.

Silvério e nós ficamos a imaginar como uma pessoa culta como aquele médico, vindo do primeiro mundo, homem inteligente, gentil, bem-educado, bem-apessoado, poderia ter feito tudo aquilo. Ele não fora um bom esposo, mas não tivera problemas dessa ordem anteriormente. Fora um mau-caráter em conquistar a cunhada na própria casa de sua esposa e quase na "cara" de seu sogro que, sabendo de tudo, ainda se calara, para não fazer sofrer a antiga noviça. Está bem que Alberto estivera influenciado por Justino, mas entre o desejo e o respeito, poderia ter havido muitas formas para que o resultado não fosse aquele. Mantendo-se mancomunado com o mal, ligara-se justamente com aquele que vigiava, naquela família, seus atos e seus pensamentos, esperando a oportunidade de ver realizado seu plano de vingança.

Sentimos, naquele momento, um imenso desejo de auxiliar a todos eles, aconselhando-os, mas principalmente a Alberto, alertando-o a fazer o bem para que não perdesse a oportunidade da presente encarnação, mas esse era o passado, e os Espíritos protetores já haviam feito isso sem que ele os ouvisse. No entanto, vendo que ele estava com uma Bíblia nas mãos, ficamos mais tranquilos. Enfim, agora tudo iria melhorar para as duas irmãs.

Na embarcação, Alberto divagava. Ele não conseguira o testamento forjado, contudo, salvara sua pasta recheada com parte do dinheiro que Dom Fernando guardava no cofre. Olhou para a Bíblia, ali em suas mãos, e pensou: "Isso é coisa da Isolda. Ela deve ter vindo com esse livro nas mãos e eu, tentando trazê-la junto, nem vi que o trouxe comigo".

Já em alto mar, sem ter o que fazer, Alberto começou a folheá-la, refletindo no que significavam aquelas figuras e se interessou. Sentou-se em um banco e começou a leitura. Aspirava fortemente a fumaça do cigarro importado, expirando fortes baforadas, até acalmar-se. Então, levantou-se e levou o livro para o camarote.

Nós nos olhamos sorrindo, imaginando que saindo Justino do caminho de todos, as coisas ficariam melhores. Nada fora por acaso. Isolda, em sua saída brusca, apanhara o que achava de mais importante na clínica em que estava internada, a Bíblia, e quem ficara com a obra fora, exatamente, quem mais precisava de sua leitura. Em toda a grande viagem até Portugal, muito tempo ele teria para ler e pensar se o que fizera fora realmente o correto. Continuamos a sorrir, certificando-nos da bondade divina e dos protetores que jamais nos abandonam.

Acompanhamos Silvério ao encontro do antigo sargento, que ainda permanecia na dor. Nada lhe bastava. Desejava fazer mais e mais, sem que isso o perturbasse. Ele fora mau, sim, mas por que se colocara naquele lugar horrível, no mais fundo precipício, quase junto ao magma da Terra? Voltamos, então, no tempo, para reencontrá-lo em momento mais distante, na Roma antiga, a Roma dos conquistadores.

# 2ª parte

Capítulo 1

# Roma Antiga

Na Roma imperial, um centurião orgulhoso caminhava de um lado para o outro, frente ao templo de Júpiter, olhando à sua volta. Procurava ver se tudo estava em ordem, pois logo o sol se poria. Transeuntes, carroças, bigas, afastavam-se rumo aos lares, e esse homem fazia ali a inspeção com seus soldados, já que alguns nobres e honrados cidadãos lá se detinham.

Olhando para o horizonte e assistindo ao pôr do sol, imaginando chegar a certa Villa, além dos muros da cidade, onde sentia a vida florescer, o centurião começou a declinar mentalmente: "Ó Sol fecundo, que com teu carro brilhante abres e fechas o dia!...", lembrando os versos de Horácio.

Não tardaria em rever a mulher que amava, mas que o desprezava. No entanto, jamais desistiria dela. Em sua presença, sentia-se como se estivesse no paraíso dos deuses do Olimpo, envolvido por uma alegria muito grande e difícil de analisar. Era um laço forte e poderoso que o prendia àquela mulher, além de transmitir-lhe uma paz interminável, como se a jovem participasse de sua vida desde que a vira pela primeira vez.

Caminhando por ali, agora saía do Aventino rumo ao Palatino. Passando pela estátua de Augustus, fez uma fisionomia de descontente, cuspindo ao lado. Achava que "Gaius Julius Caesar Octavianus Augustus" fora um homem fraco, porque desistira das conquistas e das guerras, e qual seria o objetivo de um soldado se não a luta? "Ora, ele fora um autêntico fracote!" – resmungava para si mesmo.

Nesse momento, lembramos da obra de Emmanuel, "A Caminho da Luz", onde o benfeitor nos assinala que o século de Augusto foi o mais tranquilo para Roma, pela aproximação da falange do Cristo e sua vinda consoladora ao mundo. Foi o tempo da paz que todos almejavam, tanto para Roma quanto para outras civilizações organizadas, trazendo ao mundo Espíritos de artistas e intelectuais, como Horácio e Virgílio. Mas depois de Augusto veio Tibério, e tudo voltou a ser como antes, pois acabando com essa era de paz, voltaram as atrocidades e a escuridão. Foi essa a época do retorno de Jesus às esferas espirituais, depois dos horrores pelos quais passou em nossas mãos, Espíritos duros, fanáticos e cruéis que éramos. A partir daí, deu-se início a perseguição aos cristãos, a qual durou quase trezentos anos.

Em 284 da era cristã, foi aclamado como imperador, Diocleciano, encontrando um Império em crise econômica que decaía pelo aumento das taxas de impostos, pelas altas despesas da nobreza romana, com problemas de habitação e desvalorização da moeda. Diocleciano, então, dividiu o Império em quatro partes, passando responsabilidades a três co-imperadores, ficando Galérius com um quarto do Império romano, governando a própria Roma.

"Agora Roma está melhor com esse homem inteligente, de pulso mais firme" – pensava o centurião Domenico" .

Em Roma, Domenico era tido como um homem bem-sucedido na vida. Perante o próprio co-imperador Galérius era tido como excelente defensor da poderosa Roma, e tudo fazia para agradá-lo, mesmo que, bajulando-o. No entanto, pessoalmente, estava descontente com sua situação em relação a Lesindra. Este era o nome da mulher que o perturbava, por isso iria procurar Frebeu, um romano de má reputação que trabalhara nas galés, para tratar com ele o sequestro daquela jovem que o estava deixando obcecado e colocá-la longe de todos e em lugar distante. Lá seria mais fácil conquistá-la, afastada de seus senhores e, principalmente, do homem que ela amava.

Dispensou os soldados e deixou o Palatino encaminhando-se a uma taberna no Esquilino. Lá não encontrou aquele a quem procurava, Frebeu, mas outro amigo, soldado de sua centúria, que estava afastado do trabalho por uns tempos.

– Abrontes, salve! – chamou, vendo ali o soldado que considerava ser tão astuto quanto ele – Voltaste das galés, onde te escondeste todos esses dias?

– Sim, voltei. Mas é um trabalho ingrato para os pobres escravos.

– O quê? Disseste "pobres"?

– Sim, caro Domenico. Não pareço mais o mesmo, não é?

– Por Apolo! O que houve contigo, homem?

– Apaixonei-me por uma bela mulher, meu amigo – respondeu Abrontes, sussurrando, já que muitos ouvidos estavam atentos.

– Mas que "poção" usou ela para transformar-te dessa forma? Bonzinho para com os escravos? – riu-se – Era só o que eu precisaria ouvir hoje para rir assim!

– Ela me falou que existiu, em uma época, um homem que aliviou e ainda alivia as dores do mundo e que também ensinou os homens a serem melhores, aceitando sua desdita. "Venham a mim os que sofrem que eu os aliviarei", dizia Ele.

– O Cristianismo novamente! Ora, Galérius ainda mandará sacrificar tua prometida e também a ti, se souberem disso. E sabes? Eu acho que seria uma boa ideia começar por ti o sacrifício desses cristãos – expressou-se, zombando do amigo.

– Onde vês graça ou problema em aliviar as dores das pessoas?

– Bem... é que esse Nazareno, como eles chamam, quer fazer mudanças nas nossas leis como, por exemplo, acabar com os nossos deuses. O Cristianismo deve ser proibido, aliás, sempre foi. É uma verdadeira desgraça! Devias cuidar-te mais.

– Eu sei que isso é uma brincadeira de tua parte, pois não irias expor minha noiva a uma coisa desse tipo, meu amigo, porque eu sei que posso contar contigo. Jamais vi um centurião como tu, no qual coloquei toda a minha confiança e admiração. És um verdadeiro irmão de sangue. Foste e és o melhor centurião de todas as centúrias, sendo o mais temido, o mais audacioso e o mais bravo!

Com tantos elogios, Domenico somente sorria. Seu peito inflava e era esse tipo de coisa que o envaidecia cada vez mais, sentindo-se como o melhor comandante de todos. E respondeu ao soldado:

– Mas, dias atrás, tu me seguias, e também eras um bravo, no entanto...

– Não deixei de ser bravo e destemido, contudo, hoje me armo também com as armas da sabedoria. "Quem mata pela espada, pela espada perecerá".

– Sim, se lutarmos é óbvio que isso acontecerá, no entanto, disseste isso com uma afirmativa diferente na voz – e, sussurrando: – O que quiseste dizer-me com isso?

– São palavras daquele crucificado, ensinadas por instrutores a Lesindra. Ela é linda, meu amigo centurião. Se a conheceres, tu também te apaixonarás por ela. Mas, isso, eu não iria permitir – brincou.

Domenico teve um choque e tonteou. Seria

ele, seu melhor amigo e companheiro, o dono do coração da mulher que tanto desejava? Sim, porque esse nome não era um nome tão comum. Lesindra era bela, inteligente e tinha o sorriso mais doce que conhecera. Então, o que fazer agora se seu melhor amigo estava disposto a se casar com ela? E ergueu os olhos incendiados para o soldado, lançando-lhe todo o ódio, numa vibração que o pobre homem sentiu.

– De repente, senti um mal-estar, Domenico! Acho que vou andando.

Mas Domenico o puxou pelo braço com força, dizendo:

– Não irás antes de me levar até essa misteriosa personagem. Desejo, agora, conhecê-la! – falou como se brincasse.

– Ora... Por que essa repentina angústia, meu comandante? Temos todo o tempo do mundo, e estou com um pouco de pressa hoje, e...

Passava por ali a liteira com Galérius e seus soldados, e os dois amigos, batendo com o punho no peito em cumprimento, afastaram-se do estreito caminho, deixando-o passar.

– Não vás! – ordenou-lhe Domenico, apertando

o braço de Abrontes, não permitindo que ele o deixasse. – Eu quero, agora, conhecer tua noiva.

Abrontes, nesse momento, estranhou sua maneira de agir.

– Ora, o que tens Domenico? Vejo-te alterado, ou, quem sabe, irritado. Alguma coisa te perturba?

Refazendo-se, o centurião afirmou:

– Não admito esse tipo de conversa como se eu fosse um covarde! Então ainda não conheces teu superior?

Abrontes sentiu que aquele que considerava seu maior companheiro de lutas, festas e libertinagem, estava muito estranho. Mas lembrando o que aprendera com Lesindra, sorriu, concordando:

– Está bem, já que é isso que desejas, estou ao teu dispor. O que teria que fazer agora, farei mais tarde. Vamos conhecer Lesindra.

Então, os dois romanos saíram em direção ao sítio, na casa dos senhores de Lesindra. Domenico, angustiado, lembrava-se da primeira vez em que a vira. Passava pela feira das frutas, em um dia muito quente na cidade romana, quando ouviu um menino a soluçar.

– Saia daqui! Isto não é lugar para crianças! Estás perdido, menino? – ordenava-lhe uma mulher insistentemente.

– Sim... Não sei onde minha mãe se encontra.

– Vai-te daqui! Estás interrompendo o trânsito.

A criança olhou para Domenico e, reconhecendo-o como centurião, correu, batendo desprevenido em uma jovem que comprava algumas frutas, e os dois despencaram ao chão. O menino se ergueu e continuou a correr, mas a jovem ficou gemendo, sentada no piso de pedra, com as mãos em um dos joelhos. Que bela imagem o centurião apreciava... Achou-a linda, com seus cabelos claros trançados com pequeninas flores, e aproximando-se, inquiriu-a:

– Tu te machucaste?

– Um pouco – respondeu a jovem, ainda gemendo.

Domenico procurou erguê-la, todavia, ela não conseguia firmar o pé no chão.

– Venha, bela jovem, vou levar-te para casa. – concluiu, fazendo-a erguer-se e apoiar-se nele.

– Não é necessário. Estou aqui com Tenório.

– Mesmo assim eu insisto e levo Tenório também para casa. Ele é teu esposo?

– Não – respondeu ela, tentando apoiar-se melhor no desconhecido que tão gentilmente lhe oferecia o braço – Ele também é um escravo da senhora Apolônia.

Neste momento, Domenico achou que ter essa mulher em seus braços seria mais fácil do que pensara e passou a tratá-la com mais intimidade.

Domenico não soube por que se encantara tanto desde a primeira vez em que a vira. Seria por seus cabelos claros, por sua face delicada ou pelo seu jeito de menina? Agora, com o soldado Abrontes no caminho da casa onde vivia Lesindra, ia com o coração aos pulos. Fora visitá-la por diversas vezes, sem ter nenhuma chance de receber uma atenção maior. Mas no dia em que se ajoelhara, apanhando sua mão e prometendo-lhe o céu, dizendo que a amava, que estava perdidamente apaixonado e não poderia esquecê-la, recebera dela a comunicação de que estava noiva e casar-se-ia nos idos de julho. Furioso e sentindo-se humilhado, Domenico se levantara e, nada mais falando, saiu batendo nos cavalos descontroladamente. Dentro de si, um vulcão abrasador implodia. Jamais conseguiria esquecê-la e aquela revelação fora como um punhal cravado em seu peito, que só conseguiria ser retirado pelas mãos da própria donzela.

Ali, dirigindo os cavalos de sua biga, em silêncio, ao lado do amigo, o centurião não ouvia o que Abrontes falava, contando-lhe coisas banais. Imaginava somente a cara que Lesindra faria quando o visse lá, como amigo de seu noivo. Diria ela alguma coisa? Não, não diria, porque Abrontes poderia não entender. Então, guardando o segredo, que ficaria somente entre eles, teria a oportunidade de atraí-la para si, chantageando-a.

– Chegamos. – afirmou Abrontes ao amigo. Para aqui. Esta é a Villa Pólux, residência da viúva do antigo pretor Ciro Daltro.

Domenico, sério, enxugando a fronte suarenta, perguntou:

– É aqui que tua noiva mora?

– Sim.

– Interessante, parece-me que já estive aqui...

– Ora, se já estiveste, então, deves conhecer minha rainha. Ah... meu amigo, eu amo tanto essa mulher que morreria se não a tivesse como esposa.

Abrontes abriu o singelo portão e passou por

entre as trepadeiras floridas que exalavam suave perfume.

– Venha, meu irmão. Vais conhecer agora a mulher mais bela de toda a Roma.

Caminhando entre as roseiras, Lesindra apanhava uma rosa e outra, cantando uma bela canção cristã quando já apontavam no céu as primeiras estrelas. Ao ver o noivo, sorriu e correu ao seu encontro, abraçando-o ternamente, mas, vendo atrás dele o centurião, sisudo e arrogante, deu dois passos para trás, assustada e inquirindo o noivo, com voz temerosa:

– Por Deus, o que fizeste, meu noivo? Vais ser preso?

– Ora, Lesindra, por que o temor? Este é meu melhor amigo, Domenico. Já te contei sobre nossas batalhas e nossa grande amizade.

Gelada, ela se calou, começando a ajuntar as rosas que havia largado no chão, quando vira o noivo acompanhado por Domenico.

– Entremos. Lesindra, a senhora Apolônia está contigo?

– Não, estou só. Minha senhora e seu filho Ciro não demoram.

Domenico, então, perguntou-lhe, como se nada soubesse:

- Então, és uma escrava?

- Bem... - falou a jovem, meio sem jeito, desejando esconder que o conhecia - Minha senhora me trata como filha, ainda que eu seja uma escrava.

- Então, se eles saíram, mais um motivo para conversarmos um pouco mais aqui fora - ressaltou Abrontes, cortando o gelo e sorrindo para a noiva - Vem, façamos a alegria deste meu amigo que tanto desejou te conhecer. Fala com ele, enquanto apanho algumas laranjas. Conte a ele sobre nós e de como nos amamos.

Abrontes saiu, e a jovem Lesindra não sabia o que fazer. Levantaria a cabeça e enfrentaria Domenico? Lembrava o que ele fizera da última vez em que estivera lá, beijando-a e abraçando-a sem sua permissão. Fora bruto e insensível.

Aproveitando a inocência da jovem, o centurião se aproximou dela:

- Então... A vida nos colocou lado a lado novamente, não é? - disse-lhe, sussurrando e apertando seu braço.

Lesindra emudeceu.

– E não tens receio de perder o noivo quando ele souber sobre nós?... – continuou o centurião, destilando ardiloso veneno.

– Nada tenho a esconder.

– Não? Depois do beijo ardente que coloquei em teus lábios? Das frases alucinadas de paixão que sussurrei aos teus ouvidos? Tens, sim, muita coisa a esconder ou queres que eu mesmo conte a ele sobre aquela noite de amor?

Soltando-se, sem olhá-lo de frente, ela respondeu, altiva:

– Noite de amor? Não ousai lhe dizer, porque nada aconteceu. Nunca houve noite de amor. Isso é uma mentira.

– Mas, neste momento, quando venho com Abrontes aqui pela primeira vez, escondes dele que me conheces, que nos beijamos... Isso é sinal de que precisas ocultar algo sobre nós, alguma coisa séria, tua carência pelos meus beijos... meus abraços noturnos, neste jardim de amores... Posso contar isso a ele.

– Mas é uma mentira!

Domenico foi interrompido pelo choro baixo, mas compulsivo de Lesindra. O centurião, homem baixo e troncudo, achegou-se ainda mais dela, acariciando-lhe a cabeleira e beijando-lhe o rosto languidamente. Depois, sem ver sua face, disse, com certa doçura na voz:

– Ora, ora... Nada temas, meu amor... Se quiseres, eu nada digo a ele, mas...

– Mas a que preço? – perguntou Lesindra, enfrentando seu olhar. – Bem dizia a vós que não viésseis mais ver-me, mas nunca me ouviste.

– O preço? Ora, o valor do amor que te dedico. Largue-o e fica comigo!

Abrontes já estava voltando com largo sorriso nos lábios e os braços carregados de laranjas. O centurião continuou:

– E então? Vês, ele está chegando. Cederás ou posso contar para ele agora, quem realmente és?

– Mas nada fiz...

– Um homem apaixonado ficará cego de ciúme e te abandonará se souber que nos beijamos e que queres esconder dele o que fizemos. Então, conto a ele que...

– Não, por favor, não façais isto.

E vendo que o noivo estava próximo demais e o centurião não largava seu braço, resolveu:

– Conversaremos a sós em outra ocasião.

Sorrindo, Domenico se afastou dela, imaginando que conseguiria o que mais desejava em sua vida. Agora a afastaria do noivo, daquele a quem tinha grande estima, mas que o traíra, amando quem não devia. Era um traidor e deveria morrer. Se não "in veritas," pelo menos, pelo coração.

Capítulo 2

# O egoísmo de Domenico

O dia amanheceRA NA BELA ROMA, QUE FERVILHAVA com suas liteiras, suas bigas e seus mercadores. Passavam por aquela área central, camelos, bois com carroças recheadas de mercadorias e até animais ferozes em jaulas que se destinavam ao grande circo romano, projetado pelo imperador Vespasiano e logo terminado por seu filho Tito. E com a soldadesca a cavalo era difícil movimentar-se.

Na época do incêndio de Roma, deflagrado pelo imperador Nero, a cidade antiga fora, pouco a pouco, modificada. Casas foram desmanchadas para dar lugar a edifícios de mais andares. Tudo precisava renovar-se. Mais tarde, Vespasiano como que "arrombara" os cofres públicos com a construção do grande teatro, todo em mármore e suas inúmeras obras esculpidas, em total circunferência. Mas Diocleciano não pensava na beleza da cidade e, sim, em encher os cofres públicos.

Dizia ele: "Não desperdiçar na cidade, essa é a meta, pois muito já se esbanjou no circo de Roma, todo revestido em mármore, onde foi despendida grande parte de nossa fortuna em esculturas magníficas, colocadas em seus arcos, para ostentar poder e gloria, e nos seus pisos ladrilhados em formatos diversos, demonstrando a verdadeira Roma, suas conquistas e seus passatempos."

Silvério e nós visualizamos aquela cidade com todo seu esplendor, que crescia dia a dia mais bela. Realmente, Diocleciano tinha razão. Em todas as épocas, adereços ornamentais lhe foram acrescentados para embelezá-la mais e mais: mármores em profusão, grandes esculturas, muitas em bronze, colunas gigantescas sustentando os edifícios, mosaicos e pinturas no interior das residências...

Conhecíamos a história dos grandes conquistadores, no entanto, interrogamo-nos:

Como estaria ali a alma humana? Como estaria o crescimento espiritual desse povo?

O Cristianismo puro se enraizava dia a dia, infiltrando-se, não somente entre os escravos, mas também entre as pessoas que sentiam o peso da época, as classes mais abastadas, reconhecendo que esse seria um caminho para que a paz se concretizasse. Tudo isso endurecia o coração dos poderosos de Roma, que não queriam mudanças. Por isso, toda a ojeriza pelo Cristianismo e a tudo o que lhe dizia respeito. Dessa forma, os seguidores de Jesus continuavam a esconder-se quase sempre nas catacumbas, aprendendo a amar, perdoar, e tendo, como exemplo, seus instrutores daquela época, já que não lhes fora possível o convívio com o próprio Mestre. Entre os cristãos, incluíam-se Lesindra e Abrontes e este último agora enredado pelas terríveis vibrações de ódio de seu antigo companheiro.

Mas voltemos a Domenico. Sombras o envolviam desde que conversara com Lesindra e soubera que ela estava noiva. A perturbação que aquela mulher lhe produzia, indefinível de ser discernida, era realmente muito forte. Mas por quê? E concluímos que, na inconsciência do centurião, o poder que ele conquistara nas batalhas, por sua presteza e inteligência, sendo aplaudido pela nobreza e, entre ela, as melhores mulheres de Roma, nada significava para aquela bela cristã, cheia de fé e de amor por seu soldado. A não ser por estas, com quais qualidades a conquistaria? Ela era a única pessoa que o rejeitara e que, talvez, não conseguisse conquistar jamais. Mas agora teria meios para fazê-la voltar-se para ele, se não de uma forma, de outra. Seu estimado noivo... Não pensaria mais nele e, se necessário, matá-lo-ia.

Na noite anterior, o centurião saíra da casa de Lesindra com o coração descompassado pelo ódio, sem levar Abrontes com ele, apanhando sua biga e voltando para a cidade. Seus pensamentos fervilhavam, pois Abrontes era romano como ele e excelente soldado. Como fazer para tirá-lo do caminho? Preparar-lhe uma emboscada? Teria que pensar rapidamente em algo para não se incriminar. Vira, naquela noite, o olhar que Lesindra lhe colocara, sua expressão de temor e não de estima. Percebera em seus olhos a amargura, mas desejaria tê-la nos braços de uma forma diversa daquela. Queria ser amado por ela. Então, imaginou que uma bela noite de sono reparador, talvez o fizesse levantar-se mais animado e com melhores ideias.

No entanto, ele não conseguia dormir. Revirava-se no tablado revestido, chamando-a pelo nome, imaginando-a com ele, mas logo via ali o soldado, aquele que considerava seu melhor amigo, ensanguentado por suas próprias mãos. E fugia da cena com muita aflição. Por esse motivo, acordou com o corpo dolorido e repleto de animosidade.

Naquele alvorecer iluminado, foi chamado para servir fora da cidade, assumindo o cargo tranquilamente, porque sabia que Abrontes teria que segui-lo e assim o ciúme não o corroeria por dentro. Seria um presságio para concluir o que planejara? Mas não o mataria desta vez. Teria que pensar em algo mais minucioso, mais perfeito, para que Galérius não pensasse ser ele o culpado pelo homicídio de um soldado tão bravo e seu melhor amigo.

Um mês depois, eles voltavam daquela região onde foram chamados para colocar ordem, trazendo alguns conspiradores aprisionados. Entardecia.

– Estou louco para ver minha Lesindra e enchê-la de abraços. – comentava o soldado Abrontes, cavalgando ao seu lado.

Vermelho de ciúme e já indiferente com o companheiro, procurou esconder toda a revolta que sentia em sua alma, ordenando:

– Não poderás. Teremos que procurar, a pedido do Imperador, certo malfeitor que fugiu para a Gália.

Desiludido e descontente, Abrontes lhe perguntou:

– Sairemos amanhã ou depois?

– Irás com Aurélius.

– Achei que irias comandando a centúria.

– Infelizmente, sinto-me cansado e doente. Minhas pernas estão doloridas. Pedirei a Galérius uma ordem para que minha centúria seja comandada por Aurélius até que eu me restabeleça.

– Aurélius? Não obteremos com ele a mesma vitória. Então, irei ainda hoje ver Lesindra.

– Não terás tempo de ver tua prometida. Outros trabalhos nos chamam junto ao imperador.

– Mas...

– Obedeça, soldado. Sempre foste admirado por tua solicitude e disciplina.

– Está bem, meu amigo. Assim será feito. – respondeu Abrontes, percebendo a posição do centurião para consigo, fria e severa.

Domenico sorriu vitorioso e, chegando à cidade, visitou as termas para banhar-se e receber massagens com óleo perfumado. Encontrou alguns amigos, mas não quis conversar com ninguém, com receio de que deixasse escapar o que havia planejado para tirar de ação o homem que seduzira a bela Lesindra.

Saiu de lá com sua túnica branca, usada sempre como paramento festivo, deixando o uniforme que Lesindra não admirava, partindo diretamente ao sítio onde se situava a Villa Pólux e a mulher que desejava. Como ela o receberia? Agiria conforme lhe prometera, de modo indiferente, ou o amaria, vendo-o vestido com a túnica que detinha detalhes em ouro, a demonstrar todas as suas conquistas e riquezas? Sim, era rico, poderia enchê-la de joias, mas jamais casaria com ela. Seria somente a número um entre as mulheres que teria depois que conseguisse uma nobre romana para unir-se pelo casamento, conforme Roma exigia.

Pensando assim, adentrou o portão da casa de Lesindra com o coração aos saltos.

A bela jovem descansava no triclínio do jardim de sua senhora, que a tratava como filha, por ser querida e prestimosa. Domenico viu-a adormecida e, baixando-se, beijou-a na testa. Imaginando ser seu noivo, Lesindra abraçou seu pescoço com todo seu carinho. Não percebera ser outro homem, pelo escuro da noite sem luar e, apanhando-o pela mão, puxou-o para perto da porta iluminada por uma lamparina.

– Venha comigo, meu amor. Vou levá-lo para a senhora Apolônia, que deseja falar-te.

Não desejando ser flagrado, Domenico a puxou com demasiada força, fazendo-a atirar-se em seus braços. Mas ela o empurrou, sentindo que algo estava errado:

– O que é isso? Não sois Abrontes! Quem sois vós?

Desvencilhou-se dos seus braços e correu para a porta de entrada. Foi aí que viu a face do centurião, arfando o peito de paixão.

– Peço que vos retireis! – pediu-lhe.

– Ora, ora, mas veja quem fala, como se fosse uma patrícia de nossa bela Roma – disse-lhe, sarcástico. – És uma reles escrava, e, porventura, sabes quem sou eu, afinal? Sou alguém capaz de colocar-te a ferros por esta injúria. Além do mais, vim cobrar-te o que me prometeste.

– O que vos prometi? Não vos prometi nada,

nada! - afirmou Lesindra, angustiada - E onde está Abrontes?

- Abrontes não mais voltará. Pereceu em batalha com...

- Não! É mentira!

- Ele teria vindo se não tivesse perecido, mas me pediu que cuidasse de ti, já que te prometeu casamento - continuou, dissimulando.

- Não pode ser!

Lesindra começou a chorar, chamando a atenção da senhora Apolônia, que chegava naquele momento e foi ver o que estava acontecendo.

Domenico a cumprimentou, pois já havia falado com ela várias vezes, sendo-lhe muito simpático e amável. Depois lhe contou o que o soldado havia lhe pedido em seus últimos momentos de vida. Apolônia abraçou-se à escrava e, acariciando-a, falou-lhe:

- Minha filha, não chores. Aceita o que teu noivo pediu. Casa-te com este centurião, minha filha. Ele te quer tanto...

- Casar-me? - inquiriu-a o centurião, indignado.

Depois, dando-se conta de sua reação, calou-se. Mas jamais se casaria com uma escrava, não era isso que estava planejando. E colocando-se altivo com ombros erguidos, pois gostava de aparentar mais altura, retorquiu:

– Bem, devo partir. Agradeço-vos, senhora Apolônia, por estardes de acordo comigo, quem sabe consigais fazer essa bela donzela ceder, não? Isso satisfaria a pobre alma de seu noivo que morreu por Roma. Amanhã, virei novamente – complementou, enquanto via a noiva de seu amigo ajoelhada no chão, com a face deitada sobre o triclínio, a derramar angustiosas lágrimas.

No dia seguinte, o centurião acordou satisfeito. Conseguira uma aliada, pois a jovem Lesindra amava Apolônia, que certamente faria com que ela o aceitasse. Oportunamente, ele levaria até a Villa alguém que, aparentemente, sacramentaria aquela união... Começou, então, a visitar todos os dias a Villa Pólux. Nas primeiras vezes, próximo à dona da residência, mostrou-se educado e até distante. Lesindra permanecia pálida e emagrecera muito, e ele fingia que a compreendia. Simulando respeito por sua dor, não a tocava. Quem sabe, daquela forma ela não o repeliria.

Assim, foram passando-se os meses, contudo, tendo em vista o retorno de Abrontes para breve, Domenico pensou em agir rapidamente.

A tarde caia cálida e em paz. Fazia muito calor.

Domenico chegou à Villa Pólux e encontrando Lesindra no jardim, abraçou-a bruscamente, o que era próprio dele, beijando-a. Todavia, Lesindra estava preparada para dizer-lhe que não poderia continuar com aquela farsa, porque jamais o amaria. Sim, ela não sabia como explicar a razão de seus receios. Seus gestos, sua fala, sua voz, sua fisionomia, tudo a fazia temer, mas não iria lhe dizer isso para que não ficasse magoado. Afinal, passara meses levando-lhe mimos e adornos e fora muito gentil com todos da casa. Aguardava, com paciência, ela ser liberada do trabalho que necessitava fazer para conversarem. Até aquele momento, ele a havia respeitado, mas ela pressentia que não ficaria somente nisso.

Assim, naquela tarde em que o centurião chegou com um largo sorriso nos lábios e beijando-a, Lesindra o empurrou e sentindo profundo asco, limpou seus lábios com o braço, ordenando-lhe:

– Largai-me, jamais poderei vos amar! Está tudo terminado. Que Abrontes me perdoe, porque não poderei ser vossa.

Como ele não a largava, sacudindo-a com ódio, Apolônia, que ouviu seus gritos, apareceu à porta. Assistindo à cena e vendo a face perturbada de Lesindra, pediu, toda delicada, para que o centurião se afastasse, dizendo a ele que a menina estava adoentada e precisava descansar. Que desse um desconto a ela, afinal, perdera o homem que tanto amara.

E Domenico saiu furioso, batendo com o chicote em tudo: nas árvores, no cão que passava, no portão, antes de apanhar sua biga. Apolônia foi ter com ele, dizendo-lhe:

– Centurião, pensando bem, seria melhor que esquecêsseis essa jovem. Seu noivo não lhe sai da cabeça, ela pensa que ele está vivo, pobrezinha, e quer esperá-lo.

Como ele nada falasse, bufando ali em frente ao portão enquanto preparava os cavalos, Apolônia continuou:

– Não sei, não, mas seria tão bom esse casamento convosco, porque guardo certo carinho por essa jovem e sei que ela teria uma melhor qualidade de vida do que esta que lhe estou dando. Uma dama de companhia não passa de uma escrava, bem ao contrário de uma mulher de centurião.

Domenico nada dizia até que, colocando para fora o que tinha no seu interior, falou conturbado:

– Olha aqui, queira a senhora ou não, ela será minha. E quem disse que quero casar-me com ela? Eu, com uma escrava? Pois sim!

Mas a senhora Apolônia não deu muita atenção ao que ele dissera, pois achou que ele havia falado tudo aquilo por causa da raiva contida.

O centurião saiu dali muito contrariado. Já não iria mais aguardar por ela, pois tinha perdido a paciência, mas, talvez, pudesse entrar em ação com outro ato: o sequestro.

E batendo ferozmente nos belos cavalos, que saíram em disparada de volta à cidade, falava consigo mesmo, cheio de rancor: "Terei que agir desta forma e se Apolônia quiser afastar-me dela, retirarei mais esse obstáculo do meu caminho".

Lesindra, com os olhos marejados de lágrimas, não perdera a docilidade. Imaginava, conforme havia aprendido com seus instrutores, o olhar terno do Mestre que abençoava os bons, mas também os rudes e todos os que desconheciam os Seus ensinamentos. Agradeceu à sua senhora com um abraço, dizendo-lhe:

– Perdi minha mãe muito cedo, mas tenho, em vós, outra mãe.

– Sinto, minha filha, observando o assédio desse homem, que ele não te abandonará. Não admite te perder. Então, ordeno-te: ou casa-te com ele ou volta a Lião, onde tens parentes.

– Sei que Abrontes está vivo. Sinto isso e não desejaria sair daqui antes de seu retorno. Poderei ficar por mais um tempo?

– Com essa decisão, terás mais problemas, minha filha.

Naquela noite, Lesindra não conseguia conciliar o sono. Virava-se de um lado para o outro, não chegando a dormir. Fez sua oração ao Mestre Jesus, pedindo a Ele paciência para esperar o noivo que voltaria e, assim, sendo assistida por seus protetores, adormeceu.

Domenico, por sua vez, chegando a Roma, seguiu com os pensamentos em efervescência, parando a biga e dizendo para si mesmo:

– Ela não me quer? Depois de roubá-la, procurarei Diocleciano, que fortalecerá em Galérius a ideia da perseguição e acusarei a todos eles por serem "cristãos"!

Saiu a passos largos para encontrar-se em uma taberna sombria, próxima ao rio Tibre, com o barqueiro Frebeu, homem de mau-caráter, a fim de tratar do rapto da mulher que não lhe saía do pensamento, a troco de muitos sestércios. Lá, depois de muito beber vinho, os dois planejaram o sequestro para a tarde do dia seguinte, sabendo que a senhora daquela casa saía sempre em horário certo.

Acompanhamo-lo e sentíamos um aperto no peito. Não desejávamos envolver-nos em sentimentos adversos, já que estávamos empenhados em retirar dos abismos aquele irmão que há tantos séculos havia traçado, para si mesmo, um passado de tamanha desgraça. Domenico ali firmava o seu testemunho de vingança.

Cientes do que estava por vir e conhecedores da triste história dos primeiros cristãos; na calada noturna, voltamos nosso olhar ao céu para orar.

Revelando-se aos nossos olhos, a noite salpicada de estrelas, agradecemos a Deus a oportunidade que nos fora dada de auxílio à alma sofredora em ato de puro amor. O perfume dos lírios e das laranjeiras em flor nos fazia lembrar daqueles mundos que luziam no firmamento, por onde um dia passamos, permitindo que nos comparássemos a anjos decaídos na época em que ainda não trazíamos o amor na consciência e no coração.

Agora, nesta época hostil e cruel, crentes do quanto fomos ignorantes em matéria de afeto e doação, nós revíamos o local onde também convivemos em corpo de carne, quando éramos como crianças, sem conhecimento nenhum das leis que regem o Universo.

Capítulo 3

# O rapto

Na tarde seguinte, Apolônia saíra de casa com seu filho, deixando Lesindra sozinha, após esta implorar para não acompanhá-la, com a finalidade de aguardar o retorno de Abrontes, pois sentia que ele estava chegando e imaginava que poderia voltar a qualquer hora. E sua intuição estava correta. Abrontes estava próximo a Roma, tendo em mente a doce expectativa de revê-la. Sensitiva, a jovem recolhia os pensamentos do noivo como em bandeja de prata, por isso, a certeza de que ele estava vivo.

Ela entrou para vestir-se com uma veste azul em estilo grego e prendeu a cabeleira clara, trançando-a com flores e, então, sentou-se no triclínio do jardim, onde sempre se encontravam e ali ficou como que a aguardar a chegada do noivo. Até que, por fim, adormeceu sem ouvir quando o portão se abriu.

Domenico entrou com Frebeu e, andando nas pontas dos pés, chegaram próximos à Lesindra. No pensamento do centurião, ao vê-la tão bela, havia o ardor e a paixão. Estava vigiando aquela casa há mais de duas horas e, quando mãe e filho saíram, regozijou-se, pois, enfim, chegara seu momento. Teria que ser rápido, antes que o antigo amigo retornasse e estragasse o que estava tentando fazer. O barqueiro colocou um saco na cabeça da jovem, que tentou defender-se e, logo, embrulhou todo seu corpo, apanhando-a e colocando-a nas costas. Lesindra, debatendo-se, gritava, mas chegaram à biga e, enfim, à embarcação. A bela, agora, imaginava estar longe de ver Abrontes novamente.

A nave seguiu silenciosa na direção de Siracusa, um lugar na ilha da Sicília. Lesindra, colocada em seu interior, foi libertada pelo barqueiro dos trapos que a envolviam, mas suas mãos foram atadas.

– Porque fazeis isso comigo? Quem sois vós? Não vos conheço – inquiriu-o, desesperada.

– Calai-vos. Mas não temeis, pois nada de mal vos acontecerá. Aliás, se fordes agradável a quem vos raptou, penso eu, tereis muitas coisas boas, como vestimentas, joias... E qual a mulher não gosta desse tipo de presente?

Lesindra, chorando, pediu a Deus para não permitir que algo pior lhe acontecesse e que sua pureza somente fosse entregue ao homem que a desposaria. Sentia ser Domenico o causador daquela maldade. E desmaiou quando o viu dela aproximar-se, sorrindo

Quando Abrontes chegou à casa de Apolônia, encontrou-a inconsolável. Esta, vendo-o entrar pelo portão, exultou de alegria.

– Estás vivo! Pelos deuses! – falou-lhe. – Bem que a minha querida Lesindra sentia isso. Oh, a minha pequena...

– Onde ela está? O que aconteceu?

– Senta-te, meu filho. Vou contar-te o que houve.

Abrontes se sentou com o olhar carregado.

– Bem... Para começar, vosso amigo Domenico já havia estado aqui, antes mesmo de tê-lo trazido naquele entardecer.

– Já? Como? Por que Domenico nada me disse?

– Porque estava apaixonado por Lesindra. Apesar de nada ter comentado a esse respeito, eu, aqui de dentro de casa, ouvi-a sempre dizer-lhe que estava noiva.

– Mas ela não me falou nada. Eles tiveram alguma coisa antes?

– Não. Minha Lesindra, que tenho como uma filha, sempre foi fiel a ti. Como não mais voltaste, um dia Domenico chegou com a notícia de que tinhas perecido em batalha e...

E enquanto a senhora Apolônia relatava ao soldado tudo o que soubera sobre Domenico em relação à Lesindra, Abrontes arregalava os olhos e, com o cenho franzido, reportou-se em pensamento ao dia em que encontrou o centurião, e em sua insistência para conhecer sua noiva. E isso fora desde o momento em que ele, Abrontes, comentara sobre o nome de sua amada. Então, empalideceu e tonteou, segurando-se na coluna do átrio. Que amigo era aquele que não respeitava seus sentimentos?

E Apolônia continuava:

– ... E lhe falou que tu, antes de morrer, havias pedido a ele que tomasse conta dela, já que não desejarias que ficasse só na vida. E começou a vir aqui todas as tardes. Mas só a via chorar e lastimar-se. Depois, minha menina sentiu que tu não havias perecido e pediu a Domenico para que não voltasse mais. Por isso, meu filho, penso que Domenico a tenha raptado.

– Para onde a teria levado?

– Isso não sabemos. Chegamos aqui, eu e meu filho Ciro, e ela já não estava. Nenhum escravo a viu sair.

– Mas eu conseguirei alcançá-los.

E Abrontes se despediu acabrunhado, desiludido do amigo e de Lesindra, que nada havia dito a ele e por um momento chegou a pensar que ela o havia traído e que os dois se mereciam. Parecia, agora, que lhe faltavam forças. Apanhou sua biga e saiu para a cidade, para ver se Domenico estava em batalha, mas soube apenas que ele teria ido à ilha de Patmos visitar sua família.

– Não, ele não poderia ter ido para um lugar tão óbvio...

À noite, desiludido com a vida, Abrontes saiu da cidade pela porta Nomentana, no caminho para as catacumbas, visto que os mortos não eram enterrados dentro dos muros da cidade. Necessitava ouvir os instrutores cristãos e pedir a eles algumas orientações. Contou o que sabia a Dário, o instrutor daquela noite, dizendo-lhe que sua noiva o traíra e fugira com outro.

– Meu filho – aconselhou-o o instrutor cristão –, não responda com o mal, ao mal que te fizeram. Pensa sempre que Deus é grande e não nos abandona. De qualquer forma, não achas que estás tirando conclusões precipitadas a respeito de tua noiva? Lesindra não iria mentir a respeito de seu amor por ti. Ela é uma cristã, meu filho, e segue dia a dia as lições de Jesus. O rapaz, apesar de eu não o conhecer, é centurião romano e, como todos, quer o que quer passando por cima de quem lhe atravessar o caminho. Ele não deve conhecer os ensinamentos do Mestre como tu, portanto, cautela e oração são conselhos que te sugerimos. E tua noiva, repito, é cristã. Não te trairia.

– Bem, é verdade, e isso me consola.

– Pense no olhar de amor que ela dedica a ti e nos momentos em que estiveram juntos, e não no que o teu egoísmo e o teu ciúme preferem te dizer.

Abrontes se acalmou e sentiu que o instrutor cristão tinha razão. Ela o amava, sim, só não sabia por que lhe escondera o fato de conhecer Domenico.

– Então, meu filho, sente-se melhor agora? – perguntou-lhe o instrutor, vendo-o sem a carranca anterior. – Tua fisionomia está mais suave.

– O que farei?

– Já te disse. Deves orar.

– Só orar?

– Aguarda em oração, meu filho. A vingança leva somente a uma dor maior. Lembra das palavras que já te ensinei: "Quem mata pela espada, por ela fenece". Lembra-te de que Jesus veio ensinar-nos a amarmos uns aos outros. Tem fé.

– Só fé? Orar e ter fé? Nada mais?

– Espera. Não vá atrás do homem que te feriu. As dominações romanas são imensas... Levarias muito tempo sem encontrá-la, além do mais, ele é um centurião e não deixará de sê-lo. Em breve, voltará à sua centúria.

Abrontes voltou para casa depois da noite de preces e, ao deitar-se, pediu a Jesus que protegesse sua amada Lesindra. Lembrava de seus carinhos, do olhar doce que ela lhe endereçava, de suas lágrimas quando ele ia para as batalhas, seu pedido para que conhecesse Jesus através dos instrutores...

Lembrava de sua própria vida e da alegria que ela tivera quando ele abraçou o Cristianismo e começou a conhecer os ensinamentos de amor e perdão do

Evangelho. E erguendo o olhar ao Alto, falou consigo mesmo:

"Mas é tão difícil seguir-vos, Jesus... Como não ter ciúme, sabendo que minha amada está agora nos braços daquele miserável que me traiu barbaramente? Como retirar esse ódio do meu coração?"

Com o Cristianismo, ele aprendera também a não matar. Sim, ele deveria deixar a centúria. Mas o que fazer, no que trabalhar, como sobreviver?

Na viagem, Domenico se uniu ao barqueiro para brindar ao sucesso do sequestro, bebendo bastante, subindo, logo depois, as escadas, para encontrar-se com Lesindra. Ela, como verdadeira cristã, orava. Dissera ao seu raptor que só se entregaria ao homem amado. Cheia de coragem, olhava penalizada para Domenico, apesar da preocupação do que estava passando. Se ele chegara a isso, era porque não tinha intenções de libertá-la tão cedo, pensava.

– Então, deseja beber vinho, minha prisioneira?

– A que custo? Deverei pedir perdão ou lançar-me aos vossos pés?

E a conversa continuou tensa, sem Lesindra esmorecer, até o terceiro dia, quando, sem querer alimentar-se, ela desmaiou. Domenico apanhou-a e, assustado, só conseguiu lhe dar água; o alimento, ela recusava. No quadro fantasmagórico que lhe era traçado, Domenico sentiu que perderia Lesindra e, dessa forma, não poderia concluir o que planejara. Assim, voltou para Roma e a libertou próximo ao portão daquela moradia, cheio de intenso ódio. Exausta, ela entrou muito fraca, desmaiando em seguida. Quando acordou, avistou-se com o noivo e sua fisionomia se abriu com leve sorriso.

– Abrontes... finalmente.

Alimentou-se e no dia seguinte, já melhor, viu o noivo ao seu lado, que não a deixara desde o dia anterior.

– Lesindra, bem-vinda aos braços do amor. O que te aconteceu? Ele te machucou?

– Não, porque um anjo do senhor estava sempre ao meu lado.

– Bendito seja Jesus. Agradeçamos a Ele. Dário me disse que precisamos ter fé, porque grandes mudanças virão: amargura, desespero, sofrimento para todos os cristãos. Precisamos orar muito para obtermos coragem.

– Contigo nada temerei, meu noivo. Finalmente, estamos unidos novamente. E agora que sabemos quem é Domenico, precisamos fugir, porque ele não nos abandonará sem se vingar.

E os noivos se abraçaram como a se protegerem mutuamente, dizendo:

– "Salva-nos, Mestre Jesus, ou nos une no céu".

Domenico, tomado pelo mais profundo dos enganos, o desamor, atiçara fogo mental ao compromisso de vingança, sendo Abrontes seu alvo preferido, seguido de Apolônia e seu filho Ciro, para deixar espaço a Lesindra, seu delírio de amor, se esta o desafiasse com seu desafeto. Desejaria vê-los apedrejados ou queimados vivos, ou, quem sabe, atirados às feras. Sim, neste momento, dentro de si já não havia o amor e muito menos a amizade ou alguma migalha de renúncia, somente o ódio. Aquele ódio voraz por ter sido pisado em seu orgulho de homem, atraindo para si as almas mais infelizes daqueles tempos de terror, onde se matava por qualquer motivo, onde a desgraça se espalhava através dos ricos, cada vez mais poderosos; quando vingar-se era assunto diário de todos os seres encarnados, que estagiavam naquele confinamento de dor.

Dali para a frente, ele era só amargor. Nenhuma

mulher lhe causara tamanho infortúnio. Precisaria ir, imediatamente, ao governador de Roma, acusar todos os infelizes que ousavam tentar destruir o culto aos deuses antigos e os que não admitiam adorar Galérius como deus, frente à sua enorme estátua. E aproveitaria a presença de Diocleciano em Roma. Revoltara-se pelo fato de ter libertado Lesindra, afinal ela estivera com ele por tantos dias, e ele não tivera a coragem necessária de levar adiante sua promessa. Não soubera como tomara aquela atitude. Deveria tê-la feito escrava para que o servisse como desejasse.

Com a mente em ebulição constante e a angústia a cortar-lhe a alma, achou que a única forma de atacar aqueles que o estavam desprezando, seria em seus mais altos princípios. Não poderia viver com aquela raiva dentro de si, devendo logo seguir o caminho que o deixaria vingado.

Diocleciano havia iniciado, há meses, sua revolta aos cristãos. Isso porque insistiam no amor, no respeito e na bondade, tratando os escravos e os nobres da mesma forma, indo contra os antigos sistemas romanos, que pouco a pouco estavam sendo destruídos. Para que os cristãos o temessem, planejou criar uma praça de execução. No dia seguinte, Domenico, já decidido e sabendo desse fato, antes de partir com sua centúria para o local onde fora chamado, procurou por Galérius, fomentando aquela revolta, já que a indignação do co-imperador de Diocleciano se declarava constante, porque os cristãos ao passar por sua estátua, antes de saudá-lo, faziam o sinal da cruz. O centurião comentava, em sua raiva contida, que deveria fazer valer o culto e o sacrifício aos deuses romanos já que o povo estava debandando para aquela crença perigosa e desrespeitando, assim, a lei do Império. E que aqueles que não obedecessem seriam sacrificados, o que daria a Roma, a fortaleza para que a cidade fosse reverenciada e venerada, como seus conquistadores o foram. Por isso, o centurião foi favorecido pelo seu imperador, que admirou seu ato anticristão, enchendo-o de louros.

Assim, mais satisfeito, Domenico comentou a si mesmo: "Verás, Lesindra, quem é o mais poderoso. Ajoelhar-te-ás perante minha presença, implorando-me voltar atrás."

Desde a Galileia, os caminhos marcados pelos passos de nosso Salvador, por onde seguiram os cristãos, foram manchados de sangue. Assim, com a lembrança da incompreensão de Diocleciano e da maior parte da nobreza romana, ajoelhamo-nos e, já com o coração enternecido, elevamos o pensamento ao Alto, agradecendo a Deus a bênção da vida imortal e a glória em servir.

Sentíamo-nos gratos por Suas lições e pelos ensinamentos divinos que nos enviou por intermédio de Jesus, não como uma religião, mas como um código de vida, ensinando-nos a fórmula do bem viver e de ser feliz. Depois, nos erguemos, com lágrimas nos olhos, porque, em nosso coração, o amor vencera e poderia salvar e orientar, assim como auxiliar a todos aqueles infelizes dispostos a deixarem o breu. Ali, na Roma antiga, estávamos vivendo tão intensamente o que assistíamos que quase não nos dávamos conta da nossa posição de meros espectadores, a posição de simples seres vigilantes a acontecimentos que os séculos não conseguiram esquecer. Mas com a lembrança da perseguição terrível, uma das mais cruéis, acontecida no passado, uma tristeza nos envolveu. No entanto, não podíamos nos comover com sentimentos infelizes, a fim de que o trabalho não se dispersasse e o auxílio pudesse intensificar-se nas boas obras do coração que crê, que ama e que não se deixa abater.

Depois dos acontecimentos relatados, o acusador dos cristãos já não se apresentava para nós como o mesmo ser execrável que estávamos vendo há pouco, mas como o pobre Espírito encarnado, desconhecedor das lições do Cristo, que se afundava mais e mais no lodo de sua perfídia. Assim, como ele, aqueles que se precipitaram no abismo secular, tão cedo de lá não sairiam.

E lembrando-nos das lições de amor a nós legada por Jesus, não pudemos deixar de lavar nosso rosto com algumas lágrimas, não lágrimas de despeito ou de revolta, de tristeza ou de amargura, mas de amor, penalizados que estávamos por todos os algozes, responsáveis pela matança dos cristãos, e os que dela fizeram parte, imaginando-os como necessitados filhos do coração. Já não era eu ali, sozinha, a chorar por eles, um choro de compreensão em sabê-los também filhos de Deus, mas todos os companheiros que conosco estavam, os servidores desta árdua, mas nobre tarefa.

Amar ao próximo... Uma tarefa, uma dádiva... Uma oração.

E dirigindo nosso olhar ao ser iluminado que nos acompanhava, trocamos nossos pensamentos como a dizer-lhe:

"Agora sabíamos por que aquele Espírito expiava naquele lugar de intensa dor".

Mas ainda havia uma coisa que nos perturbava: qual a relação deste personagem com os que viveram no Brasil na mesma época? Foi, então, que nosso iluminado Silvério comentou:

"Nós pudemos analisar aqui que Lucinda e Ambrósio eram duas almas que se reuniam pela afinidade seguidamente, enquanto encarnados, tendo uma ligação familiar de muitos séculos e que, em certa reencarnação, tiveram um filho que muito amaram, o Domenico romano. Mas, este, matou-os para conseguir a herança, arrependendo-se tardiamente, quando se deu conta de que o tesouro que realmente tinha consigo era o amor de seus pais.

Procurando, em outra oportunidade, reencarnar a fim de resgatar sua infâmia, não foi aceito no ventre da antiga mãe que o abortou, temendo-o instintivamente. Em Roma, reencontrou-os novamente, cem anos mais tarde, como filho dos antigos pais, quando viera exatamente para acertar o passado e redimir-se pelo amor incondicional, mas novamente tirara-lhes a vida. Por esse fato, o temor de Lesindra, ou seja, Lucinda, que agora cristã não mais o odiava, temia-o. Por séculos, Domenico ficou sem reencarnar, desgastando-se no terror que sua impetuosidade lhe causava, com remorsos extremos. Sentia-se culpado, pois, ao voltar à espiritualidade, analisara o destino que dera a si próprio. Em seu íntimo, a importância de manter Lesindra junto a si para que nenhum mal lhe fosse feito.

Aqui, nos tempos do Cristianismo, o amigo do soldado, seu antigo pai, fora atraído pela mãe de épocas remotas. Lesindra e Abrontes, novamente, estavam sendo perseguidos pelo mesmo Espírito que repetia seu erro e sempre por egoísmo, um dos grandes males da Humanidade.

Sabemos que nenhum ser regride. Sabemos que as oportunidades de crescimento nos são imensas. No entanto, durante nossa caminhada terrena, a renúncia de nossos maus pendores é necessária, porque o ódio e o revide não nos permitem alcançar a almejada evolução.

Recebemos intrigantes esclarecimentos de Silvério e sentimos muito por Domenico novamente ter falhado, quando nascera como Justino, aqui no Brasil.

Depois de ter acusado os cristãos, o centurião, sentindo seu ato na consciência, deixou-se levar a uma adega por um carcereiro que estava de folga.

– Centurião, por que essa tristeza? O que tendes? – indagou o carcereiro.

- Não tenho nada, nada. - resmungou o romano, cabisbaixo.

- Vejo que não estais bem, vamos até a próxima taberna. Estou de folga agora. Desçamos a ladeira para bebermos um pouco.

- Acho que não. Talvez eu vá às termas. Deixa-me em paz!

- Mas senhor... Estás pálido e tremeis. Talvez estejas adoentado. Vamos! Somente um gole vos fará bem. Estou de folga neste momento.

- Está bem, bebo mais um pouco e me vou logo...

Desceram a colina e chegaram à taberna, mas, em Domenico começara seu drama de consciência, sentindo-se remoer por dentro, e algo lhe dizia: "Não faças, não faças, volta atrás"! No entanto, achara que, mesmo sofrendo, esta seria a sua vontade, porque tivera a necessidade de vingar-se.

Teria que viajar com sua centúria, mas logo que chegasse de viagem, ele próprio iria providenciar para que Lesindra e o noivo fossem capturados. Estes seriam os primeiros ou seriam Apolônia e Ciro, o filho da nobre senhora? Quem sabe, se mandasse apanhar os senhores de Lesindra, ela sentiria mais, e tua vingança teria mais valor? Sim, seria isso o que faria.

Domenico começou a beber um e outro copo de vinho muito forte e, a certa altura, começou a gritar, elevando a taça:

– Atenção! Quem deseja receber, gratuitamente, todo o legado particular deste centurião?

Os homens da adega se voltaram para ele e a jovem, que o servia, perguntou-lhe:

– Legado? Que darás a nós, centurião?

– Toda a história, trazida do fundo do inferno para vós.

– Ora, estás bêbado!

– Não vais desejar o meu legado? Porque eu preciso distribuir aquilo que está me pesando. Logo, muitos cristãos serão aprisionados e mortos.

Dizendo isso, apanhou a mulher pelo braço, pedindo que lhe trouxesse mais uma jarra de vinho.

– Ora, largai-me, centurião! Estás apertando demais o meu braço! – gritou a mulher, sem paciência.

– Mas preciso repartir a dor que estou sentindo! Dou-te este saco de ouro se quiseres me ouvir – falou, retirando do cinto um saquinho de moedas pequeno, mas de grande valor.

Os olhos da jovem, desprovida de beleza e simpatia, arregalaram-se, movidos pela ganância, e ela respondeu:

– Ora, por isso, qualquer um de nós poderá ir convosco. Aonde vamos?

– Vamos subir, mas preciso do apoio de suas costas.

O homem que estava com ele, também bêbado, elevou o copo e arguiu:

– Mas por que não pedistes a mim? Eu posso ser vosso conselheiro, posso vos ouvir e ainda vos carregar no colo. – riu-se.

– Meu conselheiro? Ora, mas que audácia! E quem és tu para tanto, já que Galérius me comunicou que serei eu quem comandará a perseguição dos traidores de Roma?

Nisso, todos calaram. Ali entre eles, alguns cristãos trabalhavam fazendo a limpeza do ambiente. Ouvindo isso, o próprio taberneiro lhe apontou o dedo em riste, colocando o olhar no servidor cristão e fiel que ali estava a recolher os copos, com olhos muito abertos:

– E não tendes medo, centurião, do que vos acontecerá?

– Medo, eu?

– Sim, estás bêbado e deveis estar contando lorotas. Galérius não fará isso, haja vista haver muitos homens da sociedade que também são cristãos.

– Lorotas! Ora, tu não sabes de nada mesmo. Por que eu teria medo?

– Porque os cristãos dizem que muito sofrerá aquele que mata, que maltrata e aquele que denuncia. Denunciastes estes pobres infelizes, centurião?

Petrarco, o taberneiro grego, estava indo além com sua conversa, porque achava que Domenico se encontrava tão bêbado que de nada se lembraria no dia seguinte, como assim aconteceu.

– Não conto meus segredos para homens cruéis como tu – respondeu Domenico, cambaleando e subindo as escadas, auxiliado pela jovem.

– Eu cruel? E vós, o que sois que assassinais inocentes cristãos? – retrucou-lhe Petrarco.

Domenico quis voltar e esbofetear o taberneiro, mas foi puxado pela mulher que queria ter aquele saco de moedas em suas mãos. Ao chegar ao dormitório, o centurião se atirou no leito e nada mais pôde dizer, somente falando consigo mesmo:

– Eu não sou culpado, foram eles os culpados. Forçaram-me a isso, feriram-me, traíram-me, eu os odeio... Contudo, outros tantos também morrerão... pessoas que eu nem conheço, mas isso terá que ser feito. É a única fórmula para atacá-los. Além do mais, não acredito nesses cristãos e nem nas bobagens que dizem. Acredito somente em Júpiter... Mas será que acredito mesmo? Não, não... – e, gritando, continuou – Eu não acredito em nada, só no amor louco que tenho por aquela miserável mulher!

E derramou doloroso pranto até adormecer.

A taberneira, que subira com ele, apanhou o saquinho de moedas, ergueu a saia, prendeu-o à cintura, ajeitou-se e desceu as escadarias, sorrindo.

– Como... já? – inquiriram alguns homens maliciosos.

– Calem essa boca! – respondeu ela – Eu é que saí bem disso tudo.

O soldado que o levara, estava estupefato.

– Que drama vive esse centurião! – perguntou consigo mesmo.

Domenico estava sentindo grande peso, porque, inconscientemente, a lembrança de tempos idos lhe vinha à memória, pedindo para que nada fosse feito contra aqueles a quem amava. Encarnações seculares o enlameavam pelos males que praticara, pois sempre se utilizava de recursos escusos que considerava elementares para a solução de seus problemas pessoais, pisando no ser humano, humilhando-o e maltratando-o, o que o empurrava cada vez mais para baixo.

Sim, pensávamos, ele não conhecera Jesus, pois se tivesse conhecido a moral cristã, agiria pensando no próximo e amando-o como a si mesmo. Saberia das questões que incriminam o ser humano quando se envolve com o mal, agindo contra as leis divinas. Saberia da felicidade que se conquista com o amor e o perdão e finalmente que só aquele que se doa por amor conquistará o bem que almeja para si.

Lembramos, nesse momento, de nossa pátria e agradecemos ao Senhor por estarmos hoje em outra era, quando olhamos o Espiritismo como um caminho para alcançarmos a evolução, a redenção de nossas almas. E tudo graças a Kardec. Hoje, vivemos em clima de paz no Brasil, a pátria do Evangelho, como aprendemos com Emmanuel, através do apóstolo do Cristo, Francisco Cândido Xavier.

A perseguição iniciara, mas Domenico não tivera

coragem de prender, ele mesmo, os senhores de Lesindra, enviando alguns soldados de sua centúria. Assim, em uma carroça, vários homens jovens e até crianças foram amarrados, seguindo para a prisão. Alguns indivíduos, temerosos, abandonaram as orações por temerem os sacrifícios.

Apolônia, sabendo do fato, procurou Lesindra, dizendo-lhe:

– Vais ver que, logo, estarão aqui soldados para prender-te, Lesindra. Mas não te deixarei ir.

– Se vierem apanhar-me, minha senhora, não vou abjurar Jesus. Eu irei com eles.

– Poderás, então, morrer por Ele?

– Estamos preparados para isso.

– Talvez sim, porque vejo em ti uma força descomunal, uma coragem muito grande.

– Não podemos renegar aquele que veio nos ensinar o caminho da felicidade, minha senhora.

– Mas não teme os castigos?

– Temer... Sim, é lógico que os temo, mas já estamos nos preparando para tudo o que vier, porque esse é e sempre será o nosso caminho. Será muito pior se nos entregarmos à abjuração, isto é, se vivermos fugindo da nossa crença, escondidos de nós mesmos, para mais tarde voltarmos com nossos encontros de estudos evangélicos, a fim de aprendermos mais sobre o Cristo.

– Pior? Mas como poderás viver em paz preocupada com os soldados que logo poderão te buscar?

– Viverei muito pior se fugir, porque não amei Jesus o suficiente. Nossa consciência nos levará à dor e ao sofrimento.

A senhora Apolônia se afastou, pensativa. Ela jamais teria a coragem de entregar-se ao sacrifício por pessoa alguma, nem pelos seus próprios deuses.

Lembramos, pela história romana, que a perseguição de Diocleciano foi considerada como a última, mas a maior e mais sangrenta perseguição ao Cristianismo. Conta-se que André, um centurião comandante de Diocleciano, lutando contra os Persas invocou no conflito o nome de Cristo, porque conhecera um pouco sobre Ele. A batalha foi vencida e o centurião se converteu juntamente com inúmeros soldados. Antíoco, seu chefe imediato, vendo isso e sem saber o que fazer, pois se aceitasse o Cristianismo estaria agindo contra as leis romanas, escreveu a Galérius. Este, não querendo desmoralizar-se, mandou matar os seus mais de dois mil e quinhentos valentes soldados, bravos homens que venceram a batalha. Primeiro, mandou dispensá-los, para terminar com a vida deles em emboscada, mais tarde.

Nos dias que se sucederam, uma biga parou à frente da residência de Apolônia, e um soldado entrou com outros dois, sem pedir licença, como sempre era feito. Exaltados pelo medo, Apolônia tentou mandá-los embora, dizendo:

– A quem buscais?

– Viemos apanhar alguns cristãos, senhora.

– Pois estás enganado. Em minha casa não há cristãos.

– Mas a ordem é de levarmos Apolônia e Ciro.

– O quê? Que loucura é essa de Galérius? Nós? Eu e meu filho? Deixai-me ver essa ordem, pois não creio no que falais.

Como o soldado demorou para levá-los, entraram mais dois deles e apanharam mãe e filho, diante da estupefação de Lesindra que não sabia o que dizer. Ciro resistia a tapas e gritos, e clamava, apontando para a serva:

– Vocês me pagam esta humilhação! Não somos cristãos, ela é a cristã!

E virando-se para Lesindra, quase em choque, gritava:

– Vês? Por tua causa, serva inútil, por tua causa estamos sendo aprisionados.

E voltando-se novamente à guarda romana, apontava para Lesindra com o dedo em riste:

– Prendam-na também, soldados! Ela é a cristã!

– Filho, cala-te! Teu pai foi amigo de Galérius, a verdade virá à tona.

E inquiriu a um dos soldados:

– Por que fazem esse tipo de coisa? Vocês estão errados, aqui não há cristãos.

– Muitos dizem isso nesta hora, "domina". Temos ordens e precisamos obedecê-las – respondeu o soldado, sabendo que aquela era a mulher que estava na lista de Domenico.

– Estão enganados! Sou eu a cristã! Mas quem mandou aprisionar meus senhores? – gritou Lesindra.

– Ora, quem poderia ser? Deixa para lá e fique quietinha se quiseres que tudo corra bem para ti.

E o soldado nada mais respondeu, somente colocando as amarras na senhora Apolônia e em seu filho, que reclamava e gritava:

– Mas não somos cristãos! Vocês me pagam! Vou ao Senado!

– Isso é o que iremos ver! – disse o soldado

– Por favor, levai-me, e não a eles que não aderiram à nossa causa. – implorava Lesindra, em prantos.

– Mas fui comunicado de que eles se escondem e são cristãos, sim. Tu não, mulher.

– Deixa Lesindra, se Jesus for esse que falas, ele nos salvará.

– Senhora, perdoai-me. Isso é injustiça! Deve ter sido coisa de Domenico para ferir-me!

Lesindra viu eles saírem com lágrimas e correu atrás da carroça, em desespero:

– Levai-me junto, soldado! Senhora, por Deus, não me deixe sozinha com este drama!

Mas os cavalos saíram a correr, quase derrubando os que lá estavam.

Quando Abrontes ficou sabendo disso, pois os primeiros a serem presos naquelas paragens foram exatamente Apolônia e o filho, chegou logo para ver a noiva. Cutucou-a de leve, pois ela estava ajoelhada no piso, descansando a cabeça no triclínio, e seus olhos estavam vermelhos pelas lágrimas que derramava. O noivo falou, consolando-a:

– Ele está se vingando de nós, querida. Ele te ama, não é?

– Sim, – afirmou ela com os olhos baixos – Não me tocou durante o sequestro, porque os anjos do senhor não permitiram, mas agora caiu em si e faz de tudo para machucar-me. Mas tu que o conheces, dize-me. Ele levará adiante essa desventura?

– Sim, em breve seremos mortos, minha querida.

– Mas Apolônia e o filho... Eles não têm culpa... Sofro, só em lembrar-me do fato.

– Esse é o verdadeiro sangue do romano, orgulhoso de seus feitos, de suas conquistas. Acha sempre que tudo o que fizer, mesmo machucando quem mais ama, é permitido realizar, porque a vingança está em seu sangue...

– Mas tu não és assim – aludiu a noiva.

– Eu fui assim, mas aprendi contigo a amar a paz e a andar pelos caminhos que Jesus veio nos mostrar.

– Em breve seremos nós, Abrontes. Domenico nos apanhará.

– Isso é triste demais, no entanto, eu não posso olhá-lo sem amá-lo como antes. Ele foi meu melhor amigo, querida, e no fundo é uma boa pessoa!

– Uma boa pessoa que mata os cristãos? Antes eu tivesse...

– Não diga isso, querida. Tu não cederias a ele sem amá-lo.

– Como ele conseguiu acusar-nos? Será que está tão próximo de Galérius?

– Diocleciano foi amigo de seus pais de longa data... Com isso, Galérius o respeita. Eu conheci Domenico ainda criança... – falou Abrontes, entristecido, à noiva.

– Tenho muito medo, Abrontes.

Abraçados, em um amplexo de muito amor, o soldado procurou manter a paz da noiva, dizendo-lhe:

– Lembremos do sacrifício de Jesus e tenhamos coragem.

Naquela noite, o centurião ria o riso da vitória, lembrando-se do que lhe contara o soldado sobre o desespero de Lesindra ao ver sua senhora ir com o filho para a prisão. Ria, erguendo a cabeça para o alto, como enlouquecido, sempre com um copo de vinho nas mãos. Tinha prazer em vê-la sofrer, porque ela não o quisera. Agora, elevaria a taça e levaria aos lábios a bebida, em brinde à justiça. Afinal, ele era rico, conceituado, e um centurião, e ela preferira um simples soldado.

Lembrou-se também de todos os que foram apanhados e atirados à suja prisão, como animais, e tentou esquecer aquele quadro. Afinal, queria vingar-se somente do casal que o havia traído e não dos outros, mas isso teria de ser feito, senão que desculpa teria para levá-los à morte?

Mas não pôde dormir à noite. Máscaras de horror lhe apareciam, aterrorizando-o, como as do teatro do grande circo quando atores representavam as divindades. Na verdade, tratava-se de imagens do umbral e de sua escuridão, gravadas em sua mente, do local onde fora hóspede quando desencarnado.

Ergueu-se, aos pulos da cama, não desejando mais dormir. Assim, no dia seguinte, mal-humorado, estava mais apto a cumprir com o que havia prometido ao imperador, sem pensar se estava certo ou não.

## Capítulo 4

# A liberdade

Dias se passaram, e a aflição de Lesindra crescia, enquanto Domenico elaborava outra sórdida ideia para tirá-la de Abrontes, com o interesse de que ela se voltasse para os braços de quem não amava: ele próprio.

Perspicaz e mistificador, saíra da cidade a caminho da Villa Pólux em busca da vitória sobre a teimosia da mulher desejada.

A noiva de Abrontes, muito preocupada, caminhava de um lado para outro no átrio da elegante residência romana. Precisava saber de sua senhora. Estaria mesmo o centurião vingando-se dela com a finalidade de enlouquecê-la? E resolveu chamar um dos escravos de Apolônia. Iria até a prisão, mas quando saiu, apareceu Domenico à sua frente. Este, fingindo estar conturbado pela tristeza, ajoelhou-se diante dela a lastimar-se, qual ator teatral:

– Lesindra, eu não consigo dizer nada para te deixar feliz, depois do que eu soube que aconteceu aos teus senhores... Não tive culpa... Quero levar-te às prisões para vê-los, mas não tenho coragem... Pelos deuses, deixa-me amar-te, adorar-te! Com eles na prisão, cuidarei de ti. Caso-me contigo. Não conseguirei viver sem tua amorável presença... Pede-me o que desejares e te servirei com alegria.

Olhando-o secamente, ela ajuntou:

– Porventura, dizes que não és o responsável por tudo isso? Achais que, depois do que fizestes comigo, acreditarei em vossas palavras?

– Lesindra – falou ele, escondendo a verdade –, eu jamais faria uma coisa dessas só para fazer-te sofrer, pois te amo! Acredita em mim, mulher!

Erguendo a voz alterada, Lesindra contestou, olhando para ele com os olhos lacrimosos:

– Eu vos conheço e sei do que és capaz, Domenico! Mentistes para mim, fazendo-me chorar lágrimas dolorosas, dizendo-me que Abrontes tinha perecido em batalha! E agora, dizei-me, sem esconder a verdade, onde ele está que não vem ver-me? Mataste-o?

- Ora... Abrontes... Sim, ele voltou para ti, mas eu achei que estava morto! - arquitetou com sua locução hostil - Sumiu de minha centúria... Achei que tivesse sido apanhado, enquanto alcançávamos alguns rebeldes. Deve ter ficado para trás! Eu senti como tu, afinal, ele é o meu melhor amigo! Portanto, "senhora", eu não tenho culpa de ter dito o que achava ser real e nenhuma desculpa tenho a revelar-te - confirmou, achando que se saíra muito bem na resposta. E continuou:

- Posso ter ludibriado a verdade, mas ele voltou e...

- Que ele voltou, eu estou farta de saber! Quero a informação correta, sem subterfúgios. Onde está Abrontes hoje?

- Ele deixou a centúria... Sabes, ele é um cristão - e continuou, troçando - O "pobrezinho" não pôde ver os escravos apanharem de chicote nas naves romanas... Penalizou-se! Oh, que coisa horrível de ser dito por um másculo soldado romano a seu centurião!

Domenico riu-se, custando para abster-se da alegria que sentia em comentar o fato.

- Basta, Domenico! Eu estou cansada de vossas maneiras ridículas. Não sabeis o que é o Cristianismo, por isso, rides desta forma, porque se o conhecesse, seríeis muito mais agradável a qualquer pessoa, e não um ríspido soldado romano, como estás sendo agora!

Domenico se aproximou bem dela, apanhou-a pelo braço, apertando-o e rangendo os dentes pela raiva contida. Machucara seu orgulho. Quem aquela escrava pensava que era?

– Poderia colocar-te na masmorra por estas palavras, escrava odiosa!

– Estou esperando por isso. Colocai-me! Desejais os meus pulsos? Vamos, estou...

Domenico a esbofeteou.

Mas, dando-se conta do que fizera, logo se afastou para acalmar-se e, respirando fundo, voltou-se para ela, dizendo:

– Estás me odiando, eu sei. Está bem, não tem importância. Continue com o que estavas dizendo.

– Depois do que fizestes aos meus senhores, não vos temo. Podeis prender-me, mas, neste momento, preciso saber do homem amado.

O centurião lhe deu as costas com certo ódio e comentou agora mais tranquilo, levantando com orgulho o peito e desejando chegar onde queria:

– Lesindra, eu sinceramente nada sei sobre ele. Juro-te. Abrontes deve ter fugido ou está aprisionado.

Sabes o que significa um desertor para Roma, não sabes?

Temerosa, a escrava fixou os olhos muito abertos em Domenico, afastando-se e procurando as palavras certas para dar término àquela revelação:

- Se esse for o caso, confio que dareis um jeito de o retirardes de onde ele estiver e prometo casar-me convosco. Mas, respondei-me, por caridade, vós o prendestes?

Aproximando-se abruptamente, olhando-a com desafio, Domenico a inquiriu, sacudindo-a pelos ombros:

- Porventura, achas que fui eu quem aprisionou Abrontes? Eu, o seu amigo de anos? Não devias pensar isso de mim...

Lesindra se sentou desolada em um banco, baixando a cabeça. Colocou as mãos sobre as faces e chorou um choro sofrido e amargurado. Borboletas esvoaçavam no jardim do átrio naquele início de tarde. O jasmineiro exalava doce perfume, onde tudo era luz, sol e alegria, mas ela se sentia morrer de sofrimento em soluços extremamente dolorosos.

- Não chores, Lesindra... - acalmou-a Domenico, mostrando-se penalizado - Eu tirarei teus senhores da prisão e também encontrarei teu noivo. Farei isso por ti. Saberás o quanto sou bondoso se me desposares. Posso dar-te tudo o que quiseres... Agora vou embora. Trarei boas notícias, verás.

Beijou sua mão e partiu. Deveria agir inteligentemente para ela não desconfiar o que ele estava planejando. Mas, naquele momento, seu ódio era grande e o corroía por dentro. Sua vontade real era não se submeter às exigências daquela mulher, mas simplesmente obrigá-la a ceder, ser um bruto para com ela. Só que sabia que, se assim o fosse, não a conquistaria. Dizia para si mesmo não valer a pena dominá-la, pois se não fosse amado, queria ao menos ser aceito por ela.

Chegando à rua, como lhe era de costume, apanhou o chicote e bateu furiosamente nos cavalos de sua biga que saíram em agressiva corrida.

Dias se passaram sem que Lesindra obtivesse uma resposta do centurião.

Roma estava em revoltosa: carroças queimadas, pessoas correndo angustiadas, fugindo dos próprios conhecidos que os acusavam como adoradores do crucificado, desejando vingança por quaisquer minúcias e soldados indo de casa em casa apanhando cristãos para levá-los às prisões, onde eram atirados aos calabouços escuros e fétidos, até serem julgados. As prisões do Esquilino estavam ficando lotadas, e não adiantava os seguidores de Jesus suplicarem: "Tenho filhos a sustentar, minha mãe necessita de cuidados, estou doente", porque apanhavam também suas famílias.

Nos calabouços, o cheiro era repugnante, porque todas as necessidades dos pobres cristãos eram ali entornadas, convivendo com sujeira e degradação. Mas a dor daqueles que choravam era acalentada por algum cristão, ou que salvara das chamas algum pergaminho com os ensinamentos do Mestre, quando estes foram queimados, ou por instrutores, que os encorajavam a vencer ao massacre na certeza da luz que lhes adviria.

Hinos eram entoados, quando em quando, iluminando as faces temerosas e enchendo suas almas de bom ânimo.

No entanto, Apolônia e o filho, que foram aprisionados, estavam em um lugar especial e mais acomodado, onde havia alimentos, tapetes, triclínios e iluminação a óleo, tudo providenciado pelo centurião, para que não lhe viessem acusações futuras. Ela jurou vingar-se de quem os colocara lá. Pediu uma audiência com o Imperador, através do Senado, enviando o bracelete com o emblema de sua Villa por um auxiliar de sua residência, aguardando uma resposta rápida. Mas, naqueles dias de pavor, o roubo nas casas de cristãos aprisionados, as acusações feitas a eles e todo aquele horror estavam no auge, tanto que o Senado não acreditou de imediato no pedido da matrona, mas, logo após, confiou a um centurião verificar o caso mais de perto, com receio de que aquela afirmação fosse verdadeira. Para isso, chamaram Domenico, que já esperava por isso e que compareceu até Apolônia, fingindo-se de penalizado e desconhecedor do fato, combinando soltá-los nos dias que viriam:

– Mas "domina", por que motivos vos colocaram aí? Isso foi coisa de soldados incompetentes! Eles serão punidos, vereis! Imediatamente, prometo ver vosso caso e, logo, libertarei-vos deste lugar inóspito!

Ao passarem os dias, o centurião Domenico, assustado com o desenrolar dos fatos, viu que os crimes contra os cristãos estavam fora de controle. Como feras, os cidadãos do Império, adoradores de seus deuses e alucinados, acusavam: "Este é cristão, aquele também é". Ou diziam: "Eu vi o senhor Trapecitus orando para o crucificado; e a senhora Tulia ajoelhada no piso implorando "Cristo nos salve". E os cárceres se superlotavam.

As mentes inflamadas do povo, pela desordem, infestavam a cidade de terror. Molestavam jovens virgens, sem deixar escapar os meninos e as inocentes mães, que carregavam no colo crianças nascituras. Atiçados pelos Espíritos do mal, continuavam alucinados por aqueles festejos no teatro, quando se iluminava o circo com as tochas humanas e o sangue dos cristãos corria, no momento em que os leões eram alimentados, colorindo o solo de vermelho.

Domenico franzia a testa vendo no que resultara sua fomentação a Galérius, se bem que ele também estava enfastiado daqueles cidadãos, transformadores dos atos normais de seu tempo.

Parte da nobreza romana já não podia aturar os "adoradores fanáticos das catacumbas", porque alguns deles já haviam aderido à crença no Cristianismo.

Não podendo mais assistir àqueles acontecimentos, tão próximos estávamos dos mártires e de todas aquelas cenas, desviamo-nos daquele quadro de dor, voltando-nos para a alegria daqueles Espíritos no verdadeiro plano da vida e o crescimento espiritual adquirido.

Assim que pôde, voltou o centurião à casa de Apolônia, calmamente, levando uma braçada de flores dos caminhos para a favorita de seus pensamentos. Procurou-a pela residência, pedindo licença aos escravos, mas foi encontrá-la nos fundos do jardim, em frente ao lago, próximo a uma murada. Sentada em um banco de pedras, derramando silenciosas lágrimas, ela olhava para a água, como que para adivinhar seu futuro e o porquê de tudo aquilo. Desejaria morrer em vez de ceder à presença diária de Domenico, com seu egoísmo e arrogância, que detestava. Não o odiava, mas o temia e constantemente se penalizava dele. Sim, como cristã fervorosa, penalizava-se, imaginando o futuro espiritual do ríspido centurião, muitas vezes orando por ele no decorrer dos seus dias mais tortuosos. Como cristã que amava realmente a Cristo e desejava perdoar, sempre pedia a Jesus para que Domenico desistisse dela.

Retirando-a de sua introspecção, Domenico parou à sua frente e lhe atirou ao colo as flores que colhera. Lesindra as apanhou e olhou para ele secamente como se estivesse vendo um bloco de mármore.

Analisando que seus senhores não estavam com ele, levantou-se e, caminhando rumo à entrada da casa, disse-lhe com rispidez:

– Sai de minha frente. Vou às prisões com Tenório. Preciso ir!

Agarrando-a pelo vestido, o centurião bastante preocupado, exclamou:

– Estás louca, mulher? Irão te prender! Dá-me somente mais um dia antes de ir às prisões. Prometa-me! Vim para dizer-te que tenho notícias de teu noivo. Abrontes foi encontrado, foi encontrado! – insistiu em repetir, temendo a atitude da escrava por não ter libertado seus senhores.

Lesindra estacou, suspirando profundamente e, colocando as mãos sobre o coração, como para fazer parar aquelas batidas aceleradas.

– Onde ele se encontra? Está bem? Foi ferido?

– Está bem e livre em Roma. Vou mandá-lo para despedir-se de ti, porque seguirá ao meu comando novamente. Não estás feliz? Viste como cumpri com minha palavra?

Ela percebeu que ele devia estar sendo sincero, lembrando que foram amigos de infância. Então, confirmou:

– Está certo. Aguardar-vos-ei mais um dia, mas, no final do dia de amanhã, quando o Sol estiver baixando para esconder-se no horizonte, se não trouxerdes meus senhores...

– Mas os terás, minha... noiva. Eu te prometo. Já os encontrei – concluiu, beijando-lhe a mão.

Domenico deu as costas, mordendo os lábios

pela insistência de Lesindra e voltou à biga, amarrada ao portão. Havia qualquer coisa que o alfinetava como sendo grave. Sua consciência, sem o saber, machucava-o, e não estava bem consigo mesmo. É que ele inconscientemente não mais se lembrava do juramento feito antes de reencarnar e sua promessa de não cometer, novamente, o que havia feito em encarnação anterior com relação a esse laço afetivo.

Ele mentira. Não tinha visto Abrontes, mas teria que agir rapidamente para encontrá-lo. Tendo em mente que isso seria muito importante para que a donzela o olhasse novamente nos olhos, saiu em desabalada fúria em direção à cidade, enquanto Lesindra entrava na casa e dispensava o escravo Tenório, já preparado para levá-la às prisões.

As estrelas já começavam a aparecer no céu, e a jovem lionesa se aproximou da janela para vê-las, rememorando os dias tenebrosos que estava passando. Por que todos eles, tanto escravos quanto romanos cristãos teriam que sofrer dessa maneira? Apolônia e o filho nas prisões, os amigos de ideal sendo sacrificados... Tantas estrelas naquele céu imenso... E questionava se existiriam outros mundos mais felizes do que este em que estava vivendo. Aquele céu lhe transmitia tanta paz, a paz que tempos atrás sentira junto aos seus amados pais. Fora tão feliz na terra distante, quando criança, apoiada pelo amor paterno... Aqueles tinham sido momentos familiares memoráveis que não esqueceria jamais. E, por desgraça ou ironia do destino, fora depois aprisionada e trazida a Roma. Sua vida tivera uma grande mudança e jamais teria voltado a ter paz, não fosse a senhora Apolônia, que a recebera de presente do antigo Imperador para ser sua dama de honra.

E ali se ajoelhou para orar com seu coraçãozinho amargurado e infeliz:

"Ó Jesus, vós que fostes sacrificado, vós que sabeis o que estou passando. O temor, a angústia... O desespero de não saber o porquê de meu noivo não vir me ver... Minha senhora e seu filho Ciro na prisão... Pobre rapaz, ainda não tem dezoito anos, o que será de sua vida? Morrerá por vós? Ou lhe darão liberdade sabendo-o não ser cristão? Ó Jesus, vós que nos mostrastes que somos imortais, atendei a este coração que chora. Libertai-os! Libertai os meus senhores e que meu amor possa ser salvo, saindo daqui para bem longe... Ó Mestre dos Mestres, sabemos que sois todo-poderoso. Curastes a tantos, ensinastes que o amor é a fonte da vida, mostrastes que somente fazendo o bem receberemos nossa dádiva... Confortai este coração, Jesus, olhai para todos que estão sendo aprisionados. Há tantos cristãos nesta Roma... Olhai por Abrontes, nem que seja a troco de meu sacrifício.

Nesse momento, adormeceu com a cabeça encostada numa almofada confortável, onde sua senhora colocava os pés.

No dia seguinte bem cedo, Domenico apareceu, trazendo, em sua biga, Apolônia e o filho, pedindo-lhes perdão pelo mal-entendido e colocando-se à frente de Lesindra como o salvador de seus senhores. A senhora de Lesindra entrou, abraçou-se a ela com o cenho carregado, não dizendo uma só palavra. Lesindra chorava de felicidade e alegria, e Domenico esperou ali, sem tirar-lhe os olhos até que ela fosse agradecê-lo.

– Domenico, revelastes não ter sido vós o causador dessa maldade com meus patrões. Perdoai-me por minhas palavras de ontem. – implorou ela – Tendes, no momento, o meu respeito e minha gratidão.

– Lesindra – respondeu enternecido, vendo-a disposta a unir-se a ele –, libertei-os por ti. E desejo fazer-te mais.

Lesindra, novamente, ficou angustiada.

– Sabeis de Abrontes? Ele voltou à vossa centúria?

– Infelizmente, não quis mais voltar. Ele é meu grande amigo, quase um irmão, mas... Deves saber que um dia será pego, pois todos os desertores têm morte dolorosa... Não sabes disso?

– Já me falastes. – respondeu a jovem, suspirando.

– Mas eu juro que farei tudo o que estiver ao meu alcance para poder tirá-lo de Roma.

– Agradecerei se o livrardes do pior.

– Eu farei o melhor por ti. Mas... Por que ainda estás tão triste?

– E o que queres que eu diga? Sinto um aperto no peito.

– Isso passará. Agora, só uma palavra tua me basta, Lesindra. Diga-me que me queres bem – pediu, apanhando sua mão e beijando-a.

– Não vos desprezo, depois da prova que me destes, libertando meus senhores.

– Então te casarás comigo?

– Sim, serei vossa esposa. Tereis a mim, quando eu tiver a certeza de que meu noivo viverá, isso se eu não for aprisionada antes. Mas primeiro quero vê-lo, falar com ele e verificar se fizestes o combinado.

Risonho e sentindo-se maravilhado por conseguir aquilo que tanto desejava, o centurião a abraçou, erguendo-a. Mas em sua cabeça fluía a imagem real do que faria: iria amá-la e abandoná-la, depois que se cansasse dela. Olhando-a sorridente e beijando-a, apesar de ela virar-lhe o rosto para que não tocasse em seus lábios, ele somente pensava:

"Ora... Pensas ser uma princesa, e não uma escrava como és? Caso não estivesse na residência de uma nobre, admirada pelo imperador, já teriam te escravizado e feito o que quisessem com tua bela presença feminina. No entanto, deixarei que imagines que nossa união será fiel às leis romanas. Sim, todo o trabalho que tive em conquistar-te, toda indiferença que me endereçaste, toda essa tua audácia em desprezar-me... Pagarás muito caro por tudo, mulher. Se imaginas ser eu fiel à tua imagem, minha cara... engano teu. Júpiter estará de acordo comigo em seres, sim, amasiada a mim, até que me canse de tua presença e te atire às termas onde serás pasto de muitos. Por ora, desejo-te, mas amanhã... – pensou, referindo-se aos anos que viriam – bem... amanhã será outro dia".

– Por que estás calado, olhando-me dessa forma, Domenico? – indagou a jovem, cujos olhos acusavam imensa dor.

– Ora... Estou pensando nas festas que terás ao meu lado no palácio de nosso Imperador.

– Não desejo frequentar esse tipo de festa. Como sabes, sou uma escrava, ainda que em minha terra fosse uma pessoa da mais alta nobreza. Com o Cristianismo, aprendi a ser cada vez mais simples, seguindo o exemplo de nosso mestre Jesus.

– Mas serás uma belíssima dama que terei a alegria de apresentar ao Imperador. E terás que abandonar essa crença estúpida desde agora.

– Jamais farei isso. – concluiu, deixando-o enraivecido.

– Ouça-me! Deixarás hoje mesmo essa crença! Isso é uma ordem! Como eu, um centurião que serve ao imperador Diocleciano, poderei ter uma cristã comigo? Logo eu que foi aquele que... – ia dizer "fez questão que a limpeza em Roma fosse feita, retirando de cena todos os malfeitores cristãos que abjuravam os deuses romanos", mas se calou a tempo.

No entanto, disfarçando seu ódio interno pelos seguidores do Cristianismo, mordeu os lábios, continuando calorosamente, para não perdê-la:

– Meu amor, desejas morrer em nome desse teu Cristo?

Lesindra baixou a cabeça, mas conseguiu responder àquela pergunta, apesar dos olhos raivosos que lhes lançavam chispas de ódio.

– Dois dias atrás, eu não pensaria nisso. Teria ido com Abrontes para bem longe, mas hoje vos digo, sim, eu morreria por Cristo.

Domenico saiu dando-lhe as costas para não esbofeteá-la. O ciúme e o ódio faziam-no ferver. Faria com que ela se ajoelhasse, ficasse rendida a ele, para depois castigá-la, chicoteá-la, colocando para fora tudo o que armazenara até aquele momento.

Naquela tarde, o centurião, indo às termas, encontrou-se no caminho com Abrontes que, vestido com uma túnica e manto na cabeça, recolhia alguns cristãos amigos, para levá-los para bem distante de Roma, conforme estava fazendo há semanas.

– Ora, quem vejo aqui?

– Domenico... Tu? – perguntou, vendo os olhares de temor dos que estavam com ele.

– E o que andas fazendo, assim, disfarçado? Todos te procuram. Desapareceste. Abandonaste a centúria?

– Bem...

– E quem são estes que levas e para onde? Cristãos, não é? Devia prendê-los!

– Meu amigo, nós nos conhecemos há tanto tempo, éramos tão amigos... Por favor, não os acuse para Galérius... Em breve, voltarei e me entregarei a ti para que me prendas. Ainda confias em minha palavra, não?

– Mas isso é impossível! Estarei infringindo as leis romanas e meu Imperador! Serei um traidor!

– Peço-te vênia para livrá-los. Olha, eles têm filhos pequenos, vê?

Domenico, vendo a ansiedade nos olhos do soldado, percebeu aí a oportunidade que desejava e dialogou:

– Bem... Sabes como sou fiel à minha Roma, mas poderei fazer isso por ti... Se...

– Se...?

– Se pudermos fazer um acordo.

– Acordo?

– Sim... Um acordo... Um pacto, se aceitares, é lógico. Caso contrário, agora mesmo chamo os soldados que ali estão.

Abrontes olhou para a esquina e viu os soldados do centurião olhando para eles. Os cristãos em fuga ali, com o coração aos pulos, apegando-se às crianças de colo, olhavam para os soldados e para os dos dois homens, com ansiedade.

– E do que se trata? – perguntou-lhe Abrontes, já adivinhando o que ele queria.

– Bem... Eu não entregarei esse grupo que está contigo se sumires daqui ainda hoje e para sempre.

– Sumir? Por que sumir? Odeias-me tanto assim?

– Ora, bem sabes o porquê. Eu quero Lesindra, desejo-a como jamais quis alguém na vida, mas sei que não poderei tê-la, sabendo que sempre o teu fantasma estará entre nós. Não confio que, se aqui permaneceres, não voltarás a vê-la.

Abrontes baixou a cabeça, e o centurião continuou:

– Assim te salvarás, e a estes que levas para a fuga, além de saber que comigo, a mulher que amas jamais perecerá no Circus Máximus.

– Eu te agradeço, Domenico.

– Mas... Se isso não acontecer, juro-te que serei justo como sempre fui. Eu prometo, eu cumpro. – e olhando-o de cima a baixo, continuou: – Sabes que estás traindo teu povo e à própria Roma, não sabes?

Abrontes o olhou sem admirar a reação do amigo, que se tornara delator de pobres seres cristãos. E, não obtendo resposta afirmativa daquela proposta, o centurião novamente o inquiriu:

– Então, farás o que te peço? Afinal, é a vida destas pobres crianças e de seus pais... Além da mulher que amas.

– Sei que tens o poder nas mãos, meu amigo, e que podes tudo nessa hora. Nosso imperador não cansa de elogiar os seus centuriões e estás incluído entre eles – respondeu-lhe Abrontes.

– Ainda me chamas de amigo?

– Jesus nos fala que devemos compreender as pessoas que amamos. Não se odeia um familiar, quando ele erra, e eu te compreendo, meu... irmão.

– Não me chame de irmão, não o sou. Hoje, sou teu terrível adversário! – falou, friamente – Aceita o que te pedi. Sai de Roma. Vai a outros locais onde ainda não haja perseguição aos cristãos, longe de nós, romanos, e onde não poderão te buscar!

Abrontes simplesmente baixou a cabeça, com a humildade aprendida no Cristianismo, renegando seu orgulho, seu ciúme e o desprezo que deveria sentir por aquelas palavras, deixando-se levar pela alegria de pensar na liberdade de todos ali e da mulher que amava. Sim, Domenico conseguiria salvá-la, mas ela abjuraria ao Cristianismo? Certamente que não. E se assim ela o fizesse por medo, por receio? E quanto a si mesmo?

Não seria certo sofrer, sacrificando-se por aquele que legou a todos a ciência dos ensinamentos morais, que trará um dia a paz à Humanidade? Morreria por Jesus, esse Jesus de amor, de caridade, tanto dos homens simples, quanto dos nobres. Cumprir com os desígnios do Alto não era a porta certa a entrar? Sairia de Roma, sim. Amava sua Lesindra com toda a sua alma, e não poderia deixá-la padecer nas garras dos temíveis criminosos, homens que crucificavam, que atiravam inocentes às feras e incendiavam os cristãos. Sim, libertaria Lesindra.

Domenico, mais calmo, pois sabia o que decidiria seu amigo de antes, sorriu, batendo-lhe nas costas:

– Teu silêncio é um "sim". Vejo isso. Continuas a ser o homem criterioso que sempre me deu alegria, acatando minhas ordens, ou melhor, meus pedidos, como esse, importante para o bem de todos.

Abrontes lhe deu as costas para continuar o caminho com aqueles que levava. Domenico ainda lhe perguntou:

– Quando vais?

– Parto agora.

Domenico, ainda para ferir Abrontes um pouco mais, pediu-lhe:

– Antes, peço-te que te despeças da mulher que amas, para que ela saiba que te livrei da morte certa. Saiba que ela me pediu para casar-me com ela. Mas veja bem... Se a levares e me traíres, os dois serão pegos onde estiverem e os matarei.

Abrontes se virou e o olhou seriamente, mas não o odiaria. Lesindra não lhe teria feito aquele pedido. Teria que perdoá-lo, pois Jesus pedia isso a todos os cristãos, e este amigo era assim, porque ainda não estava pronto para receber as lições do Mestre. Jesus escolhera os seguidores que tinham olhos de ver e ouvidos de ouvir e ainda os estava escolhendo. Somente quem já podia ver seu próximo como a um irmão, poderia compreender isso. Então, penalizou-se dele e de todos aqueles que ainda não haviam entendido o Cristianismo. Voltou-se e seguiu em frente.

– Para onde vais? – mais uma vez, inquiriu-o o centurião. Desejava ter a certeza de que ele iria para bem longe.

– Parto para onde não poderão me encontrar, onde tenho alguns parentes e onde permanecerei até o final de meus dias – respondeu-lhe Abrontes sem virar-lhe a face.

Domenico suspirou profundamente, dizendo a si mesmo:

"Sei que cumprirás a tua palavra, como bom soldado que foste. Enfim, enfim!"

E, coçando sua barba, concluiu os pensamentos: "Realmente ele ama aquela mulher... Mas a amará mais do que eu"?

E comparou seu amor com o do amigo. O seu amor era forte, potente, capaz de matar, capaz de trair, retirando da frente todos os empecilhos, enquanto o amor de Abrontes era suave, terno. Isso não era amor, era afeição. Achou que aquele homem que colocara todo o seu afeto em Lesindra, no momento, era um frouxo. Ele permitira que lhe fosse roubada a mulher amada, sem sequer procurá-la ou vingar-se de quem a raptou, só para não empunhar a espada... Além do mais, estava desertando-se de Roma, tudo pelo Cristianismo e... O que é um homem que não luta pelo que é seu? Um frouxo, um verdadeiro desertor. Como uma mulher, com a postura de Lesindra, iria amar um homem assim? Jamais... Lesindra, bela como era, deixaria de amá-lo em pouco tempo – e completou seus pensamentos com a frase:

"Ah, Cristãos! Como sois fracos! Como sois fracos!"

Não se dera conta de que em si, o egoísmo, o orgulho e a vaidade imperavam, enquanto o amigo realmente amava, sendo capaz da extrema renúncia pela mulher à qual tinha fidelidade em seu coração.

Abrontes chegou à residência de Apolônia à procura de Lesindra, encontrando-a ajoelhada a orar por ele:

– Senhor, ouvi minhas orações. Permiti que meu noivo seja liberto. Permiti que ele possa fugir, deixando aqui esse coração que tanto o ama...

Sem desejar perder tempo e partir logo, com receio de não ter forças para abandonar o amor de sua vida, Abrontes abraçou a noiva, fazendo-a levantar-se:

– Minha noiva... Meu amor. Vim despedir-me de ti...

Foram os olhos lacrimosos e inquiridores da jovem que o fizera abraçar-se a ela num ato desesperado.

– Não me olhes com essa expressão de dor, querida!

– Abrontes, estou feliz, por isso te olho dessa forma. Foste liberto por Domenico, não?

Abrontes confirmou com a cabeça.

– Graças a Deus! Agora posso ter paz.

– Oh, não poderei te deixar. Fujamos, querida!

– Não posso.

– Cuidarei de ti, não precisaremos de muita coisa, fujamos!

Lesindra se virou de costas e se lamentou ao comunicar, embora contrariada:

– Agora... Agora não dá mais, pois devo cumprir o que prometi, caso contrário, ele se vingará... Serei noiva de Domenico. Ele foi bom dando-te a liberdade. Por isso, casar-me-ei com ele.

Sem poder se controlar, Abrontes, sentindo já a dor da separação, viu-se em desespero e, então, afirmou-lhe:

– Não é verdade! Eu não estava aprisionado. Andei levando famílias de cristãos para longe de Roma. Ele está agindo dessa forma exatamente para que reajas como estás reagindo! Fujamos agora, Lesindra, com os amigos que me aguardam no portão!

Ela se abraçou a Abrontes, desejando retirar da mente aquelas suspeitas que lhe vieram abruptamente. E se isso fosse a verdade? E se tudo fosse um engodo?

– Vá, meu amor – pediu ao noivo – Vá para a liberdade. Soube que desertaste do exército e isso é morte certa.

– Não me acompanhas?

– Devo manter minha palavra. Vá, mas vá logo,

porque a cada segundo que passa, sinto-me mais vulnerável.

– Adeus, já que não me deseja acompanhar. Ave Cristo!

– Ave Cristo!

Domenico, nas termas, banhando-se para refrescar-se, tentava dominar o ciúme que lhe viera ao pensar que Lesindra naquele momento poderia estar nos braços do noivo, amando-o como ele próprio desejaria estar. E esses pensamentos lhe corroíam a mente depravada e desconhecedora do verdadeiro amor. Impulsivamente, ergueu-se para sair da água, franzindo a testa e dizendo para si próprio:

– Quem me dá a certeza de que ele não a levará consigo? Quem me dá a certeza de que ele próprio não voltará para raptá-la? Não! O exílio não bastará. Ele terá que morrer!

Enrolando-se no manto, ainda molhado, Domenico saiu das termas, apressado, ordenando a alguns soldados para irem espreitar o antigo amigo na saída da casa de Apolônia e no caminho matá-lo e aos seus acompanhantes fugitivos que deveriam estar em carroças, fazendo-se a justiça por serem eles cristãos. E diante da fisionomia de surpresa dos soldados, já que sabiam da amizade entre eles, o centurião afirmou:

– Ele desertou e é um cristão. Esse é o caminho de todos os cristãos. E que fiquem vocês, cientes disso também! Ave, Galérius! – disse batendo o punho no peito.

– Ave! – responderam todos.

Lesindra ao despedir-se do homem a quem dedicava imenso amor, ajoelhou-se novamente para orar, mas depois de algumas horas sentiu um grande aperto no peito e gritou:

– Não! Abrontes, não!

Capítulo 5

# O compromisso

A senhora Apolônia sorriu quando soube que Lesindra se uniria ao centurião, apesar de não gostar daquele homem. De qualquer forma, sua dama de companhia agora teria tudo o que desejasse, apesar de saber também que aquela tristeza na face da menina era por amar a outro. Sem ter conhecimento dos detalhes que a levaram àquela resolução, aproximou-se preocupada, inquirindo-a, quando a jovem derramava lágrimas silenciosas:

– Lesindra, se não estás feliz com esse noivado, conta-me o que te fez tomar essa atitude, minha filha. Sinto que há algo por detrás da dor que estás sentindo.

Lesindra entrou em choro convulsivo.

Lastimando, sua senhora insistiu:

– Oh... Mas porque choras? Serás feliz, terás muitas vestes, irás a grandes festejos...

– Mas eu não gosto disso. Para mim, será um grande sacrifício! No entanto, não é por esse motivo que lamento.

– Mas o que, então, te faz sofrer tanto assim?

– Domenico me obriga a deixar o Cristianismo.

– Mas, minha jovem, ele tem razão, afinal, ele é um homem de confiança de nosso Imperador... Porque, então, aceitaste casar com ele se tanto sofres?

– Prometi casar-me com ele caso vos libertasse e assim fizesse também a Abrontes, permitindo que ele fugisse.

– Libertou Abrontes? Oh, minha menina, pensei que escolheste casar com ele porque soubeste da morte de teu noivo na mesma tarde em que ele veio despedir-se de ti. Ciro nada te disse?

Sob os olhos amargurados e muito abertos de Lesindra, que emudecera com a notícia, ela concluiu:

– Ciro estava voltando para casa pela Via Apia, quando viu um grupo de soldados atacando umas pessoas e, entre elas, estava teu noivo, que procurava defender aqueles indivíduos da carroça, mas os soldados eram muitos. Achei que Ciro tivesse te informado dessa notícia.

Lesindra se ergueu resoluta e comentou:

- Terei que fugir daqui.

- Para onde desejas ir, minha filha? Vejo que ignoravas. Pobre menina... O que o destino está te traçando?.

- Senhora, deixa-me partir para qualquer lugar...

E, assim, quando em sua biga chegou aquele que se considerava agora o noivo de Lesindra, encontrou a casa da Villa Pólux fechada e se desesperou.

- Mas como? - gritou ao soldado que o acompanhava.

E, desfilando uma série de impropérios, confirmou:

- Ela fugiu... Mas eu a encontrarei!

Mudando-se com a família para a cidade, Lesindra, que temia aquele que a ferira em encarnações anteriores, conversou com a sua senhora enquanto a auxiliava a vestir-se:

– Senhora, não terei como vos agradecer o carinho por minha simples pessoa. Voltar para a cidade somente por minha causa...

– Ora, minha filha, eu, na realidade, sempre me penalizei pelos escravos, ainda mais sendo eles, nobres em suas terras, como tu foste. E quando estavas contando a Tenório, nosso servo, sobre os ensinamentos que Jesus legou aos cristãos, quanto a amar ao próximo, fazendo a ele o que desejaríamos para nós mesmos, comecei e imaginar-me em tua pele. Apesar de verificar que nós, todos nós, os romanos, somos gananciosos e insaciáveis a respeito de termos quem nos sirva, talvez pela má vontade em fazer os serviços domésticos ou mesmo por nossa própria ignorância nisso, vi que não amamos a não ser a nós próprios. Então, não me agradeça. Vesti-me como se fosse tua própria personagem, e cá estamos.

– Sabe, senhora, já há alguns da própria nobreza romana que estão assumindo o Cristianismo, todavia, nem todos os que estão lá nas catacumbas, assistindo aos nossos orientadores, veem as coisas como vós. Muitos ainda não se colocam no lugar de seu próximo e ninguém lá é nobre assim como sois. Só os mais simples agem como agistes.

Domenico chegou furioso à residência de Apolônia na cidade e bateu à porta com força, entrando sem aguardar que lhe fossem atender, ficando frente à Lesindra no momento em que ela chegava ao átrio.

– O que aconteceu? Estás fugindo de mim? Diga-me! – perguntou, quase batendo nela.

– Ora, mas que impulsivo é o futuro esposo de minha serva! – declarou Apolônia, que ali chegava.

– Desculpai-me, Domenico – pediu-lhe Lesindra. – Eles precisavam vir, e não pudemos vos esperas.

– Está bem – respondeu o centurião, amargo e decepcionado.

– Mas foi muito bom vires, porque preciso te falar.

– O que desejas de mim, escrava? Estou aqui na tua frente! – inquiriu-a, descontrolado.

– Peço que vos sentai, a conversa não é rápida.

– Mas e se eu não o desejar? Estás sendo insolente. Não achas que isso é pedir demais a um homem de minha posição? – respondeu-lhe, erguendo a cabeça e esbanjando arrogância – Eu fico na frente do próprio Imperador sem sentar-me.

– Está bem, como desejais. Perdoai-me.

Apolônia saiu, deixando-os a sós.

– Estamos a sós, o que desejas de mim, "serva de Apolônia"?

– Relatar-vos que jamais me casarei convosco.

– Ora, um drama só por esse motivo? Sei, estás com ciúme, pois soubeste que eu, agora teu noivo, andei com uma jovem da nobreza romana a assistir as corridas de bigas aqui próximo – concluiu, desejando desviar o assunto.

– Essa é uma questão que não me diz respeito.

– Mas então o que a deixa assim, enfurecida, se não o ciúme?

Lesindra se ergueu abruptamente.

– Tu matastes Abrontes! Ciro viu!

Ciro, nesse tempo, ia adentrando na peça e ouviu as últimas palavras da protegida de sua mãe.

– Isso é verdade. Foram teus soldados, e não foi só a ele que matastes, mas quatro a cinco homens e mulheres com crianças de colo.

Domenico cerrou os olhos com todo o ódio contido dentro de si, a pensar "Ciro os vira. Agora que eu consegui o que desejava, isso acontece?"

– Vamos rapaz, quem vos contou essa mentira? –

inquiriu, erguendo o peito, colocando-se com bravura, disposto a matar se necessário.

– Eu vi com meus próprios olhos os soldados matarem Abrontes, os mesmos homens que aqui estiveram e nos levaram ao cárcere por vossa estupidez. Nunca fui com vosso tipo de pessoa e, mesmo não aceitando a maneira que minha mãe trata esta escrava, digo-vos que desta vez, não escapareis. – alertou o filho de Apolônia, continuando – O corpo de Abrontes estava próximo à Villa Pólux... Eu vinha passando e vi... Ele estava a caminho de Pompeia e fizestes errado em tê-lo mandado matar. Era um bom homem. Além do mais, especulações estão sendo feitas a respeito de nossa prisão. Minha mãe insistiu com o Senado, depois que nos libertastes. Logo obteremos a resposta devida pelos atos cometidos por vossa má e ignorante pessoa!

O centurião se atirou sobre o rapaz desejando estrangulá-lo!

– Largue-o, Domenico! Fostes vós quem o mandastes matar. Assassino! – acusou-o Lesindra.

Ciro caiu no chão e se ergueu, sendo auxiliado por sua mãe, temerosa de que o centurião poderia acusá-lo e, ambos, mãe e filho adentraram nos ambientes da residência.

– Venha, filho. Deixa-os a sós. Logo, logo, saberemos quem realmente é esse homem e o que se esconde em seu interior.

Recompondo-se, Domenico se desculpou com a senhora Apolônia, sabendo o que poderia lhe ocorrer com aquele ato.

– Estou cansado. Não deveria ter atacado vosso filho. Além do mais, sei que não ficarás incomodada comigo, visto que logo seremos como... familiares.

A senhora de Lesindra fez uma cara de enojada e saiu sem responder a ele.

A fisionomia do centurião se tornou pálida. O crime não fora tão próximo da residência da Villa Pólux. Como fora Ciro passar por lá logo naquele momento? Mas, inteligentemente, completou:

– Lesindra, se não acreditas que eu não o matei, nada poderei fazer. Ciro mente porque te odeia.

– Eu acredito nas palavras de Ciro. Vós mentis!

– Eu? Ora, querida – falou achegando-se –, mas que brincadeira é essa? Ele estava bem vivo ao pegar a estrada da Via Apia! Então, achas que eu, desejando tanto casar-me contigo e, afinal, comprando-te com a liberdade de meu amigo, ter-lhe-ia emboscado para matá-lo e com isso ficar na iminência de perder-te? Ora, não sou assim tão ignorante! Se o mataram, a culpa não foi minha! Muitos estão atrás de cristãos e se não vieram te apanhar ainda é por que serás minha esposa. Prometo que vou ter ciência de quem praticou esse crime e meter o assassino no cárcere. Confia em mim.

Lesindra, que julgava os outros como a si mesma, muito pura, achou que, como ele não se perdera nas palavras ao defender-se, realmente nada soubera sobre o assassinato de Abrontes.

– É, faz sentido. Talvez tenhais razão. Isso não seria aproveitável para vós.

Domenico, desta vez, abraçou-a e beijou-a longamente. A moça se deixou levar, sentindo-se derrotada. Já não sabia o que pensar. Quem, se não ele, teria assassinado tão bom soldado? Seriam os homens do Império? Por ser cristão ou por ter abandonado seu posto?

Como se adivinhasse seu pensamento, ainda abraçado a ela, o centurião afirmou:

– Lembra-te, querida, que Galérius estava caçando a cabeça de Abrontes. Só podem ter sido seus soldados que o apanharam e os da carroça deveriam ser cristãos em fuga. Com essa notícia, fiquei muito decepcionado e triste, afinal, eu sinto muito. Abrontes foi meu melhor amigo, não esqueças. E não poderei me esquecer disso tão cedo. Falarei ainda hoje com nosso Imperador. Abrontes foi um bom homem... – comentou como se estivesse penalizado.

Depois, apanhando seu queixo para olhá-la nos olhos, perguntou, fazendo-se amoroso e erguendo o peito para apresentar-se com a mesma altura de Abrontes:

– Então, não vais pedir perdão ao teu noivo? Casamo-nos, mesmo sem todo aparato que mereces, por respeito a ele. Mas alegra-te, pois serás uma patrícia com a liberdade que tua senhora te ofertara, tenho certeza. Uma nova matrona romana a embelezar a sociedade da melhor nobreza.

Lesindra, que era humilde e pura, aceitou suas palavras como verdadeiras, mesmo sentindo, dentro de si, que não era certo o que ele afirmava.

Dias se passaram e, chorando amargurada, a jovem lionesa se vestiu para o casamento. Apolônia não quis assistir à união dos dois, indignada, e saiu com seu filho Ciro, de volta à Villa Pólux. Deixou, na cidade, alguns escravos, mandando-os enfeitar com guirlandas de rosas as altas colunas daquela moradia. Chamou alguns músicos com liras, flautas e dançarinos para entreter os hóspedes na festa, permitindo que os escravos ficassem lá para servi-los com muita bebida e assados de cervos e carneiros. Presente para a moça, que significava muito para ela.

Desiludida e sem graça, antes de Apolônia partir, Lesindra lhe falou, tristemente:

– Minha senhora, eu não posso me casar ! Quero ir convosco. Socorrei-me desse engodo. Sinto que estou fazendo a coisa errada.

– Ora, minha filha, foste tu quem escolheste esse caminho...

– Mas eu não tive outra opção... Tive de cumprir a promessa feita...

– Penso que não dizes a verdade e que aceitaste, porque percebeste a vantagem que a nova vida te traria. A vida do abuso dos valores materiais, das festas e das belas roupas, das joias e de servos... Assim como tua senhora. Ora, voltarás à vaidade de tua infância feliz...

– Não! Não! – interrompeu-a Lesindra.

– Eu sempre achei que aceitarias a proposta que ele te fez, para voltares a ser o que foste um dia. Penso que queres os valores triviais de todas as matronas romanas. Vida fácil, vida fútil e vazia, vaidades... Eu já tenho idade suficiente para ver com outros olhos o que isso significa. Tudo é ilusão, no entanto, no meu caso, não poderei voltar atrás. Jamais poderei sair dessa sociedade suja e vazia que nada de bom nos oferece, e tu estás entrando nela. Conforme me ensinaste, o cristão verdadeiro só se entrega a uma união por amor, e não por interesse – falou decidida à jovem, já que não gostava daquele centurião, desconfiando que fora ele quem a humilhara, colocando-a no cárcere.

Como Lesindra olhava assustada para ela, que estava sendo verdadeira em seu pensar, Apolônia confirmou:

– Bem, talvez não seja isso o que estás desejando, não é? Mas penses bem e aceites o conselho que te dou. Se só o desejas, porque penso que não o amas, aproveite esse momento, curta-o e seja feliz vivendo com esse homem, que detesto. Creio que nenhuma jovem desistiria de casar-se com um centurião para continuar a ser escrava, já que receberia a liberdade. Estás é com medo. Não confias nele, mas penso que ele te ama e fará de ti sua rainha. Até que ponto eu não sei. Quanto à festa deixo tudo preparado. Ocuparás a ala da casa em que habitam os escravos.

– Não é isso! Não! Prometi casar-me com ele! Jamais o amarei!

– No fundo é isso, sim. Eu te conheço, mais do que tu própria.

E Lesindra a viu partir. Assustada, começara a refletir: seria verdade isso que ouvira? Estaria agindo por sua própria vontade para voltar a ser, realmente, uma pessoa de destaque? Inconscientemente, talvez, isso fosse real. Abrontes, que não deixaria de amar, estava morto e ela vivia. Era bonita, iria ser apreciada por toda a sociedade, não seria mais vista como uma escrava, mas sim como a esposa de um centurião conceituado. Obteria belas roupas, joias, além de não morrer no grande circo. Poderia ter filhos e estes lhe trariam a felicidade que não teria com o esposo. Mas sabia que estar nos braços de Domenico era detestável. Invigilante, a jovem cristã jamais adivinharia os verdadeiros motivos dessa união e o que se passava, realmente, no íntimo de Domenico. Sim, não o amaria, mas queria ser amada na vida que ele lhe oferecia, ofertando a ela a beleza dos louros fantasiosos.

Então, começou a escovar os cabelos, sorrindo, agora, aceitando seu destino, afinal, tinha perdido o noivo, e não tinha mais seus pais e seus irmãos com ela. Por que não construir uma vida com esse homem que sabia amá-la e com quem poderia ter uma quantidade de crianças a lhe darem alegria e felicidade?

Não se lembrou do que aprendera com os amigos cristãos: "Sejais vigilantes quanto a vossos propósitos, porque o mal sempre espreita o ser humano no aguardo de uma brecha para sua entrada".

Domenico convidara alguns amigos, homens e mulheres de sua centúria para os festejos. Lesindra estava sendo atendida pela escrava Alcineia, que lhe arrumava os cabelos e dizia:

– Estás linda com esse traje romano e as flores que adornam teus cabelos, Lesindra. Como foste abençoada, vindo a ser serva dos senhores da Villa Pólux. Eu também me casarei com Tenório daqui a alguns meses. A senhora Apolônia concordou e nos gratificou também com algum dote. É bom amar – e mirando o olhar da noiva, continuou –, mas porque estás com essa cara de quem não está feliz por completo? Teu noivo ri-se à toa. Diz que finalmente conseguiu o fruto desejado. Agora, terás uma vida rica.

– Caso-me, porque prometi a ele que o faria se libertasse o homem que amei.

– Abrontes? Soube que ele morreu. Todos nós gostávamos dele. Mas se não amas Domenico... Bem... Pelo menos terás uma vida fácil de agora em diante.

Nesse momento, Tenório apareceu no quarto para chamá-la.

Foi realizada a cerimônia que Domenico pedira

como se fosse verídica. Durante a festa, o vinho em demasia deixou os convidados caírem bêbados pelos cantos. Domenico cochichava algo aos amigos, que se riam, dirigindo olhares libidinosos à assustada lionesa. Via-se que as mulheres convidadas eram sem classe, talvez, cortesãs do povo que estavam ali só para se divertirem. Riam alto, alegres, lançando olhares a Lesindra. A antiga serva de Apolônia se retraía. Tudo começara com o jantar de iguarias tão cuidadosamente organizado pelas servas a pedido de sua senhora. Depois, a orgia começou, e a cristã se horrorizou do que estava vendo, até que pediu a Domenico para afastar-se um pouco, elucidando:

– Domenico, não estou apreciando a orgia de vossos soldados. Isso está demais para mim. Noto também como me olham pretensiosamente, deixando-me em uma posição infeliz. O que eles estão querendo dizer que não consigo discernir? E também não gosto da maneira destas mulheres. Há alguma coisa que não conheço desse ato sacramental? Já chega que estou me unindo a ti com a estátua de Ísis na frente de nosso triclínio...

– Ora, pequena, afinal, estás casando comigo. Olham-te dessa forma, porque sabem que eu estou feliz e que és muito bonita. Deves ficar contente pelas moças que chegaram para estarem com seus amados. Elas são alegres e, quanto a Ísis, ela está aqui porque não podemos colocar frente a todos, a cruz de teu Jesus, que deves, sim, esquecer. Ísis é a deusa do amor e nós, os romanos, trouxemos esse culto dos egípcios, não sabes disso? – e baixando o tom de voz, sussurrou-lhe:

– Agora vá, apronta-te para o leito que, em breve, estarei visitando-te.

Aliviada, ela se retirou daquele antro de seres tão diferentes dela, largados nos braços daquelas mulheres, rindo-se e volta e meia despejando seu sumo digestor acima das balaustradas, o que referenciava o grande consumo de álcool que ingeriam.

Ela foi até o dormitório desejando sumir e, depois de muito chorar, ajoelhou-se e orou:

"Senhor Jesus. Esse deveria ter sido o dia mais feliz de minha vida, porque eu estaria me casando com Abrontes, o meu amor, mas estou mergulhada na tristeza e na desilusão. Não sei se agi certo, no entanto, sendo livre, o que farei sem o apoio de alguém? Não posso ficar largada na vida, todavia, parece-me que algo de errado está acontecendo. Por favor, Senhor, permiti que meus ouvidos possam ouvir o que os soldados de Domenico dizem de mim quando me olham daquela forma. Não deixai que me entrelacem ao pecado, a mim, que sou cristã e que desejo continuar fiel a vós. Tenho medo".

Enquanto desmanchava suas tranças claras e penteava os cabelos, ouviu sussurros ao lado de sua janela. E afinou os ouvidos para melhor percebê-los. Dizia um soldado a uma cortesã:

– É, mas o nosso centurião é um homem deveras esperto. Ganha de todos nós na esperteza.

– Por que, Evaristo? – perguntou a jovem a ele. – Achas que ele a engana? Ela é tão bonita, merece alguém dedicado a ela.

– Ora, porque ele nos deu a ordem de matar nosso antigo colega Abrontes, o anterior noivo dessa jovem. Livrou-o de ser aprisionado por Galérius, como nossas leis o fariam, para mandar-nos assassiná-lo e, assim, ficar com a noiva, sem ser incomodado. E pensas tu que este casamento é válido? Tudo foi sugerido de forma que assim aparentasse. Outra coisa, – comentou baixinho – ela foi uma escrava, e ele jamais se uniria, de fato, a uma escrava. Tem lá seus motivos. Diz para nós que se livrará dela quando cansar-se. Irá vingar-se da rejeição de que foi alvo por todo esse tempo.

– Bem, achei eu que ele não se casaria com uma qualquer. Ele tem porte arrogante e forte... Tem o orgulho enraizado em todas as fibras de seu ser. Mas por que fez toda essa encenação?

– Para enganá-la, pois ela é arredia.

– E por que não a raptou ou a comprou? Ele não precisaria ter passado por todo esse trabalho.

– Não poderia. Ela é como uma filha para os senhores, que Galérius protege e, além do mais, não desejava forçá-la, mas sim que ela o aceitasse com certo carinho.

– Mas que homem, hein? Serviria para mim, pois gosto de homens que dominam...

– Epa, hoje estás comigo, lembras?

Ela riu-se, e os dois saíram para o jardim.

Estarrecida, Lesindra não sabia o que fazer. Mas de uma coisa tinha certeza, lá não ficaria. Recomeçou, então, a vestir-se, quando Domenico entrou no cômodo, onde ela se encontrava, totalmente alcoolizado.

– Aonde pensas que vais?

– Vou-me embora. Tudo isso foi falso, eu o soube.

– Agora é tarde. De mim jamais te libertarás... “esposa”.

E, desta vez, Lesindra não pôde fugir.

A claridade surgia no dormitório do novo casal, anunciando um novo dia. Lesindra, sem poder dormir a noite inteira, enojada e enlaçada pelos braços do homem que temia, conseguiu se desvencilhar dele e, pé ante pé, saiu do quarto levando nas mãos algumas peças de roupa. Ele a enganara e abusara de sua ingenuidade quando argumentara que era inocente sobre o assassinato de seu noivo e fê-la cumprir com o que lhe prometera. Jamais ficaria ao seu lado sabendo que lhe era um brinquedo. Desta vez, ele não conseguiria lhe encontrar. Mas para onde iria? Na casa de Apolônia, ele a acharia, então, lembrou-se de que o melhor caminho seria entregar-se à comunidade cristã na casa de Isidoro, ao qual mantinha afeto filial. E assim o fez.

Ao acordar, Domenico percorreu a residência, ainda cambaleante, à procura de Lesindra, passando pelos corpos adormecidos, no piso de mármores, dos soldados e suas mulheres cortesãs, depois da grande noitada de orgia que tiveram. Não a encontrando, começou a gritar:

– Lesindra! Lesindra! Onde te meteste, mulher!

Não a encontrara em parte alguma. Então, apanhou sua biga, visitando, primeiramente, a casa da Villa de Apolônia e seu filho.

– O quê? Ela fugiu? Eu não entendo essa menina. Dei-lhe a liberdade, penso que para cá ela jamais voltará. Mas se a encontrardes, dai-me notícias dela – implorou preocupada, a senhora, antes de sua saída.

Desesperado, cheio de ódio, o centurião percorreu todos os locais de Roma, até onde vivia a plebe, não a encontrando. Porque agira assim com ele? Como teria descoberto que sua união fora sem valor? Por isso, queixara-se do olhar audacioso dos soldados, que fantasiavam, olhando-a passar. Claro, eles sabiam a verdade que escondera dela. Teria sido justo o que lhe fizera?

Dois dias depois, recebeu um comunicado para apresentar-se perante o conselho romano, no Senado, a respeito do que lhes fora pedido pela nobre Apolônia. Sabendo do que se tratava e sendo amigo de Galérius, Domenico comentou ali, frente a todos, os fatos sobre o amor não correspondido, que estava certo em tudo fazer para ter em seus braços a mulher que lhe desesperava de paixão e era noiva do soldado Abrontes, falecido dias depois. Por isso, fizera a matrona e o filho passearem um pouco, providenciando para ficarem muito bem alojados, com as provisões e alimentos dignos de um nobre, não passando privações, enquanto teria a oportunidade de conquistar a mulher amada. Depois de muitas discussões, a maioria dos senadores foi cumprimentar-lhe pela perspicácia, saudando-o como a um homem digno da nobre Roma. O próprio Imperador o saudou pela conquista que fizera.

Assim, em seguida, chegou uma afirmação do Império a Apolônia:

"Depois de recursos vários, certifica-se de que vossa prisão foi causada pelo soldado Abrontes, desejando ele vingar-se da serva Lesindra, por tê-lo trocado por seu centurião. Como o soldado pereceu junto a cristãos no caminho da via Apia, pelo próprio povo revoltado, o co-Imperador Galérius jamais poderá julgá-lo".

– Olha só, Ciro, o que eu recebi. Isso é porque me falta o esposo para defender-nos. Mentiras, somente mentiras!

Meses e meses ficara Domenico sem ter notícias de Lesindra. Procurou onde pensava que a encontraria, no entanto, nem mesmo Apolônia sabia do seu paradeiro. Sem resultado, atirou-se a beber, entrando em grande depressão e sendo inconveniente para com a família dos senhores que acolheram a escrava com tanto apreço, até que, um dia, quando ele apareceu, pela centésima vez, à porta de Apolônia, esta fê-lo entrar, convidando-o a sentar-se e, muito calmamente, disse-lhe:

– Centurião, já vos conheço há um bom tempo. No princípio, eu apenas via vossos rompantes apaixonados por Lesindra. Depois, achei mesmo que vosso amor era firme e verdadeiro, tanto que a convenci que, para ela, esse seria o melhor caminho a tomar. No entanto, desta vez vos peço que desista de procurá-la por aqui. De vosso casamento para cá, falta pouco para completar nove meses. Ela deve ter fugido e na fuga perecido... Tirai essa mulher da cabeça, homem! Olhai vosso estado, pareces um vagabundo, mesmo com esse uniforme de centurião que não respeitais mais. Bêbado como sois, sem pentear-se, barba longa, sujo dessa forma, brevemente vos aprisionarão como incompetente. Por que vos destruís assim? Ide cuidar de vossa vida, que está na pior condição! Penso que mereceis isto depois do que fizestes e ainda fazeis ao ser humano.

– A que vos referis?

– Ora, aos pobres seres inocentes que estás a sacrificar.

– Talvez tenhas razão, senhora. Desculpai-me se

vos incomodei. Doravante, eu serei obrigado a esquecer Lesindra. Mas, se desejais saber, só agora descobri que ela não era para mim apenas um brinquedo. Descobri que eu a amei realmente. E era um amor verdadeiro, senhora. Sei que os deuses sempre estiveram contra mim, porque ela me foi tirada.

– Deveis, sim, ter razão. Os deuses estão contra vós pelo que fazeis aos outros... Mas o que fizestes está feito. Agora, peço-vos que vos retireis, centurião, e que olhai para vós mesmo, procurando "sobreviver" – concluiu friamente Apolônia, deixando-o a sós no átrio.

Domenico agradeceu e, com os olhos marejados de lágrimas, cumprimentou-a com a saudação romana. Depois, cabisbaixo, saiu da Villa Pólux para acercar-se de Galérius e continuar com o trabalho que havia firmado com ele, sempre lembrando-se do que Apolônia lhe dissera.

Lesindra, logo ao amanhecer do seu primeiro dia de união com Domenico, havia procurado a casa de Isidoro, juntamente com alguns amigos cristãos, e lá permaneceu, sob os cuidados daquele homem que amava a todos os que aderiam à causa cristã, cuidando deles, enquanto ainda tinha forças suficientes. Dário, instrutor romano cristão, a eles se reunia seguidamente, levando as escrituras e, assim, o Evangelho era estudado por todos. Neste lugar, a jovem lionesa passou meses, com receio de sair da pequena casa, entre grandes ciprestes que pequeno jardim escondia, próxima ao Tibre. Lá fazia o alimento de todos e auxiliava na horta, colhendo, além de legumes e verduras, belos e saborosos frutos das árvores. No entanto, naquele grupo de cristãos, havia chegado um romano recém-vindo de Cíprio, chamado Trácito Romeno, que dissera estar revoltado com o povo romano que adorava tantos deuses e que desejava, do fundo do coração, aprender as lições do Cristo crucificado. Lesindra desconfiava dele, mas nada disse a ninguém.

Os cristãos chegavam a comentar sobre a angústia que sentiam quando passavam pela grande estátua de Galérius e eram obrigados a saudá-la, por receio de serem pegos pelos soldados.

Passada uma semana, depois das orientações recebidas sobre como resignar-se, não odiar e ter mais amor no coração, esse romano saiu e foi diretamente entregá-los ao Imperador. Para lhe atrair simpatia, contou-lhe que os cristãos se negavam a adorá-lo; que, isolados, faziam o culto ao seu Deus em casa; que rejeitavam a escravidão em que viviam em Roma e que modificariam o mundo, criando um sistema pacífico, onde não haveria distinção entre o escravo e o senhor, porque todos deveriam ser tratados da mesma forma.

Colérico, Galérius, naquela mesma noite fria, mandou uma centúria prendê-los de surpresa, bem na hora em que mais cristãos se reuniam para as preces noturnas. Dezenas deles foram levadas para as prisões e atirados aos calabouços escuros do Esquilino. Lesindra tentara esconder-se, pois esperava um filho, mas o soldado Trácito Romeno, não a vendo entre os aprisionados, depois de todos saírem, procurou-a, descobrindo onde estava, e colocou-lhe algemas nos pulsos.

– Aqui está a joia cristã, que estava escondida.

Na penumbra de sujo e fétido calabouço, iluminado somente por singelas chamas nos suportes das paredes, ouviam-se cânticos, de vez em vez, que se transformavam em luzes calmantes, penetrando pelas narinas dos mártires cristãos, tomando-lhes todas as células e renovando-lhes a coragem.

Assim, como a tantos outros, Isidoro, abraçando a jovem que chorava, com todo seu sentimento, tentava acalmá-la:

– Minha filha, ainda há uma solução para tua vida. Chama teu esposo e volta para ele se desejas salvar teu bebê. Mas, se amas mais o Mestre, venha conosco, pois, em breve, obterás aquilo que precisas, em luzes e paz, nos braços de Jesus.

– Mas não quero paz! Quero sobreviver! Não sou assim tão corajosa! Tenho medo! – dizia, derramando lágrimas rebeldes.

Dois dias depois, todos foram chamados ao circo para serem mortos em nome de Jesus. Seres espirituais os acompanhavam com o alento necessário, permitindo que o medo não lhes tomasse conta.

Domenico guardava a porta de passagem para o sacrifício dos infelizes que, não sem angústia, não desejavam abjurar a Jesus. Lesindra, segurando com as mãos seu ventre avantajado, com a criança que estava por nascer, pensava no desespero que sentiria, sendo atacada pelas feras, sem poder defender seu filho. Então, tremia, derramando amargas lágrimas, acariciando o ventre e emitindo pensamentos de consolo ao filho que amou desde o primeiro instante em que soube existir. Dário a levava pela mão, dizendo-lhe palavras de coragem, enquanto Isidoro apoiava as mãos em seus ombros, orando para que ela obtivesse força suficiente:

– Não fiques assim, Lesindra, minha filha. Essa criança veio para morrer contigo, por Jesus. Estarás livre daqui a poucas horas.

Nesse momento, ela estava passando pelo grande portão.

Ao ouvir, entre os que seguiam para o sacrifício, o nome de Lesindra, Domenico, procurou-a e, vendo-a, gritou entre aquele povo, com olhos angustiados:

– Lesindra! Lesindra, não, não! Lesindra, venha, saia, tu não podes ficar aí!

Ela seguia com o grupo, e ele continuava estarrecido:

– Pelos deuses, ela está com meu filho no ventre! Não, tu não, Lesindra! Volta, volta!

Tentou arrebatá-la dentre os caminhantes ao sacrifício, mas a multidão seguia firme, e ele não conseguia passar. Então, voltou para pedir ajuda aos soldados. Empurrava a todos, gritando:

– Aquela que está grávida não deve ficar aqui! É um engano, é a minha esposa! Salvem-na! Não a deixem ir. Ela não, não!

Mas era tarde. Os portões se fecharam, e os animais furiosos adentraram no palco da morte, onde se iniciaria o grande sacrifício.

Então, em desespero, Domenico começou a chorar. Lágrimas lhe caiam dos olhos e, com o coração em pedaços, gritou, desesperado, com toda a força de seus pulmões, no momento em que se fazia menor ruído entre o povo:

– Lesindra, perdoa-me, meu amor! Perdoa-me!

Lesindra não ouvira, mas virando-se intuitivamente, vira a face desesperada de Domenico e, consolada, orando, fez sinal afirmativo com a cabeça. Perdoava-o. Quisera ser como Jesus, mas seu filhinho... Não gostaria que se fosse.

Todos nós ali, estarrecidos, ficamos para assistir o auxílio da espiritualidade para aqueles mártires e, emocionados, vimos o céu abrir-se em luzes fulgurantes, com a invasão de Espíritos angélicos em socorro aos aflitos, como havíamos lido nas obras de Emmanuel. Eles chegavam até o piso e apanhavam os mártires ao colo, como se fossem pequenas crianças, mesmo aqueles que temiam, como no caso de Lesindra que, ao ver sair de seu ventre a criança, reconheceu Abrontes e restaurou seu bom ânimo, com expressão de extrema alegria. Pedira ele também para sacrificar-se por Jesus junto à mulher que amava.

Oh Jesus! Com que infinita bondade nos mandastes Kardec, codificador da doutrina dos Espíritos angélicos, que só sabem amar, esclarecendo-nos sobre a imortalidade do Espírito! Oh, quanto vos agradecemos por nossa abençoada e amada Doutrina. Ela vivifica o Cristianismo nascente, através do Consolador prometido por Jesus, sem dogmas, sem adereços, sem ídolos, transformamo-nos em pessoas melhores, infinitamente conscientes sobre as leis divinas, que devemos defender na simplicidade de nosso eu interior. Não passamos mais por todo o sofrimento, por toda a consternação dos primeiros cristãos. A nós, cristãos, hoje, basta amar, perdoar, compreender e aceitar o que não pode ser mudado, pelo conhecimento das leis de causa e efeito, ação e reação, amainando também as chagas alheias. Agradecidos somos a vós, Jesus amado, pela oportunidade bendita do trabalho de assistência aos que de nós necessitam!

No dia seguinte, ao abrirem novamente o circo, os soldados encontraram Domenico enforcado. Suicidara-se. Ele levava consigo a dor por ter falhado e sua pesada consciência pelos crimes contra pessoas que sabia serem inocentes e que amavam Jesus na esperança de mundo melhor.

Por seguidas reencarnações, não escolhidas por

Domenico, mas compulsórias, foi ele cego, mudo, paraplégico, sofrendo terríveis obsessões, mas a insistência na revolta não o permitia evoluir e novamente terminava sua existência através do suicídio. Na erraticidade, o centurião, cujo embrião de amor adormecera em seu perispírito, permanecia na escuridão.

Com a assistência dos Espíritos superiores, depois de muitos séculos nas trevas, foi-lhe oferecida nova reencarnação no Brasil, com a finalidade de refazer sua alma torturada, novamente como militar, para honrar seu posto em defesa do ser humano e afinar-se finalmente com aqueles a quem falhara.

Capítulo 6

# Alvorada de amor

Agora, sabíamos por que Justino estava onde estava. Durante todo o tempo em que permaneceu nas trevas, época em que, conhecendo sua verdade e analisando seus atos retrógrados, desistira de lutar, imaginando que, em vida nenhuma, jamais conseguiria ser melhor. Achava-se como víbora, traidor, perverso, e era nisso que se transformava lentamente. No Brasil, há quase duzentos anos nas sombras, esquecera-se de si mesmo, perdendo aos poucos, por sua própria vontade, a memorização dos delitos cometidos em inúmeras reencarnações.

Mas desejávamos livrá-lo, desejávamos acordá-lo, já que queríamos que a consciência também chegasse àqueles tantos outros infelizes, imersos em oceano de lamentos e dor, onde eram obrigados, pelos Espíritos raivosos, a permanecerem.

Escravos do próprio Espírito, eles não nos viam, mas nos motivavam a elevar o pensamento a Deus, de tal forma, que nosso amor, incondicional a todos eles, como que os acariciava, permitindo que luzes róseas os envolvessem, dando-lhes calor e fazendo-os adormecer com suave torpor.

Feito isso, unimo-nos em oração, pedindo ao Pai que o isolamento daquelas pobres almas, subjugadas por outros Espíritos, fosse concretizado, mas, para isso, alguma coisa deveria acontecer, para que nos fosse possível retirá-los de lá. Oramos, então, a Maria Santíssima, protetora de todos os aflitos. Maria de Nazareth, que adotou os suicidas como seus próprios filhos, arrimos do coração.

Nesse momento, isolado o grupo de dirigentes do mal, aqueles sofredores, aparentando robôs comandados, sem pensamentos, sem ideias, esquecidos de quem foram, personagens do tempo sem face, iniciaram o próprio reerguimento. Esses seres esquálidos nos pareciam habitantes do terror, recém-saídos de suas covas. E começaram a caminhar, arrastando os passos. Iam ao alcance da luz alaranjada que começava a aparecer no horizonte como um nascer de sol para aquelas almas esquecidas.

Nós, ali, como que isolados pelo véu que nos encobria também a isso olhávamos, admirados, percebendo que o lugar se iluminava, pouco a pouco, em beleza e cor. Era o amor que vencia novamente.

E, envoltos em grande compaixão, aproximamo-nos de Justino, que se encontrava com a cabeça voltada para o solo.

– Venha, meu irmão – pediu-lhe Silvério.

Virando-nos o rosto, assustamo-nos ao ver a enorme cabeça de cobra com a boca cerrada.

– Consegues, meu filho, abrir a boca neste momento em que te dou a orientação – falou Silvério, colocando a mão acima de sua cabeça viscosa.

Sentindo ali a poderosa vibração que o envolvia e, olhando-nos, Justino conseguiu falar, balbuciando entre os dentes:

– Não sou capaz...

Silvério tentou erguê-lo, dizendo:

– Os que denunciaste sorriem para ti. Buscam-te e te agradecem. Perdoam-te e pedem para que te ergas, para um novo rumo, a caminho de tua luz. Tens, agora, a oportunidade da mudança, que não deve ser rejeitada. Aceita-a, não a percas!

– Quem sois? Deves estar mentindo para mim.

Retirando o manto que a envolvia, Lucinda lhe apareceu, dando-lhe a mão para que se erguesse. E ele gritou:

– Minha mãe!

Nesse instante a transformação se operou, e vimos ainda chorosos aquele ser das trevas alçar-se, modificar-se, cabisbaixo, derramando lágrimas amargas, para nova preparação à reencarnação futura, sustentado pela alegria do perdão recebido. Desta vez, não falharia. Estava convicto.

O grupo que estava andando, em um momento, estacou. A luz se expandiu como um alvorecer aos seus olhos e feriu sua visão. A figura divina de Maria de Nazareth como que se lhes apresentava na tela do infinito. Habitantes da escuridão, todos a reconheceram, soluçaram, suspiraram e choraram. Muitos se ajoelharam, estendendo-lhes as mãos, com seus membros desconjuntados, outros, não se achando merecedores do socorro, fecharam os olhos e gritaram:

– "Retirem daqui essa visão de Maria! Isso não é verdade! Sei que não mereço, por que me fazem sofrer assim, já que conheço todas as minhas faltas"? Outros disseram: "Sou suicida, pecador, jamais obterei o perdão"!

Então, como um milagre, assistimos a uma vibração de esperança penetrar-lhes os corações, eclodindo em grande transformação nas mentes da maioria. Muitos avançavam, modificavam-se. Inúmeros eram auxiliados pela multidão de benfeitores, sendo retirados de lá como pombas a caminho do céu aberto.

E lavamos nossos olhos, agradecendo a Deus por toda a sua bondade nessa hora de alegria e exaltação. Pudemos, então, confirmar que, com a mente voltada para o bem, conseguiríamos maravilhas. Sim, o amor é a fonte divina, a "água viva" a que Jesus se referiu quando se dirigiu à mulher Samaritana. Se soubermos realmente amar, tudo em nossa vida estará solucionado, porque somente o amor faz os verdadeiros milagres, abraçando o ser humano que peca, mas que se modifica.

E, aqui, lembramos que os delinquentes, os que chamamos bandidos, são como aves pequeninas, cujo embrião de luz ainda se encobre, aguardando a sua vez para ascender. Não lhes desejemos a vingança, não lancemos a eles as vibrações de ódio, porque a própria vida se encarregará de ensinar-lhes. Antes, penalizemo-nos do ser que caminha na obscuridade, que teve um lar onde a ausência do amor predominou. Se pensarmos bem, todos são nossos filhos, todos são nossos irmãos.

Nosso querido Chico Xavier nos disse um dia: "É através da educação moral que o indivíduo se reformulará". Por isso, auxiliemo-los, oremos por eles em nossas Casas Espíritas. Todos merecem o amparo, até aquele que mais pecou.

E, lembrando as palavras de nosso Mestre Jesus: "Amai-vos uns aos outros como eu vos amei", afirmamos que é somente através do amor que conseguiremos crescer e evoluir.

Que Jesus e Maria de Nazareth nos abençoem sempre.

Yvonne

ideeditora.com.br

Acesse e cadastre-se para receber
informações sobre nossos lançamentos.

twitter.com/ideeditora
facebook.com/ide.editora
editorial@ideeditora.com.br

---

IDE Editora é apenas um nome fantasia utilizado pelo INSTITUTO DE DIFUSÃO ESPÍRITA, entidade sem fins lucrativos, que promove extenso programa de assistência social, e que detém os direitos autorais desta obra.